楽園は、ひとりが楽しい、心地いい！

ソロ旅 HAWAII
ハワイ

永田さち子

産業編集センター

今、ソロ旅HAWAIIが
おすすめの理由

「ハワイは、ソロ旅が楽しいんじゃないかな？」と気づいたのは、20年以上前のこと。「ソロ旅も楽しい」といったほうが、いいでしょう。当時からフラやロミロミを習ったり、ブギボードやサーフィンが好きで、ひとりで滞在している日本人女性は少なくありませんでした。でも周囲に、「ひとりでハワイへ行くの」と告げると、「ハワイへひとりで行くなんて、考えられない」と言われたり、"淋しい人"みたいに思われたことが多かったように思います。一方で、一部の旅慣れた女性たちからは、ずいぶんとうらやましがられたものです。

　ハワイほど安心してソロ旅を楽しめる場所はないと思いませんか。治安はいいし、日本語がそこそこ通じて、しかも親切な人が多い。カ

フェやプレートランチ店、スーパーマーケットのデリコーナーが充実しているから、おひとりご飯にも困らない。オアフ島に関しては公共交通機関があり、シェアサイクルやUberを利用すれば、レンタカーを運転できなくてもさほど不便は感じません。

　友達同士でも家族でも、もちろん大好きな人とカップルで訪れても楽しいハワイ。そのなかの旅のスタイルのひとつに、ソロ旅があってもいいと思い、『おひとりハワイの遊び方』（実業之日本社）という本を作ったのは7年前。2年後、もう少し大人の女性向けに、『50歳からのハワイひとり時間』（産業編集センター）という本を作りました。

　いまやソロ旅HAWAIIは、スタンダードな旅のスタイル。コロナ禍を経て、ハワイはさらにソロ旅にやさしく、便利になっています。この本ではそんな状況を含め、ソロ旅でしてみたいこと、行ってみたい場所を中心に紹介しました。ハワイで過ごすひとり時間が有意義に、楽しいものになりますように。

Contents

今、ソロ旅HAWAIIがおすすめの理由…2

Step 1 Preparation
ソロ旅準備編 8

ハワイへ行くならいつがおすすめ？ ソロ旅のベストシーズン…10
ソロ旅の充実度を左右する往復15時間の機内での過ごし方…12
パスポート、クレジットカード、スマホにWi-Fi…ソロ旅の必需品…14
3泊5日の基本コース…16
ソロ旅HAWAIIをちょっと贅沢に！
デルタ航空のデルタ・プレミアムセレクト…18

Step 2 Stay
ソロ旅ステイにおすすめのホテル 20

ハレプナ ワイキキ バイ ハレクラニ…22
星野リゾート　サーフジャック ハワイ…24
シェラトン・プリンセス・カイウラニ…26
ワイキキ・マリア…28
ブレーカーズホテル…30
アウトリガー・ワイキキ・ビーチコマー／クイーン・カピオラニ／
ココナッツ・ワイキキ…32
アロハ マイ ホーム…34
ザ・カハラ・ホテル＆リゾート…36

Step 3 Museum & Historical Spot
ハワイをもっと深く知るミュージアム＆歴史スポット 40

シャングリ ラ…42

ホノルル美術館…44
イオラニ宮殿…46
ビショップ博物館…48
キャピトル・モダン…50
クイーン・エマ・サマーパレス…52
ヒストリカル・ルーム…53

Step 4 *Activity & Challenge*
ハワイならではの自然体験からタダで楽しむショー＆町歩きまで　54

ダイヤモンドヘッド…56
マノア・ハニー＆ミード…58
マノア・チョコレート…60
ドルフィン＆ユー…62
天国の海®カネオヘサンドバー…64
ホロカイ・カタマラン…65
キロハナ・フラショー…66
カーサ・デラ・ドルチェ・ヴィータの料理教室…67
オアフ島のスモールタウン　カイムキ…68
オアフ島のスモールタウン　ダウンタウン…70
オアフ島のスモールタウン　カイルア…72
オアフ島のスモールタウン　ハレイワ…74

Step 5 *Delicious Spot*
ソロ旅のご飯におすすめのカフェ＆ダイニング　78

デック…80
プルメリア ビーチハウス…82
ウルフギャング・ステーキハウス…83
モーニング・グラス コーヒー＋カフェ…84
カイマナ・ファーム・カフェ…85

ピースカフェ…86

リリハ・ベーカリー…87

ブレッドショップ／ハレクラニ ベーカリー／LBカフェ…88

モンキーポッド・キッチン…90

ストレイツ…92

ディーン＆デルーカ ハワイ…94

ドリップ・スタジオ…96

ヘブンリー・アイランド・ライフスタイル・ワイキキ…98

アイランド・ヴィンテージ・ワインバー…100

スプラッシュ・バー…102

ザ・ピッグ＆ザ・レディー…103

ハウス ウィズアウト ア キー／ルワーズ ラウンジ…104

マヒナ＆サンズ…106

アーデン・ワイキキ…108

ミロ・カイムキ…110

Step 6 *Relaxation Spot*
心ゆくまで過ごしたい、癒されスポット　114

キャットカフェ・モフ…116

ナ ホオラ スパ…118

モアナ ラニ スパ 〜ヘブンリー スパ バイ ウェスティン〜…120

ルアナワイキキ ハワイアン ロミロミ マッサージ＆スパ…121

カピオラニ公園…122

カヴェヘヴェヘ…124

ロイヤルグローブ…125

インターナショナル・マーケットプレイス…126

ロイヤル ハワイアンのロビー…127

カパフル防波堤…128

アラワイ運河／ワイキキ・カパフル図書館…129

ハワイ出雲大社（出雲大社ハワイ分院）…130

ハワイ大学マノアキャンパス…131

ハワイ州立図書館…132

ライオン植物園…133

= ソロ旅のお役立ちコラム =

Column 1　安全に、お安く、ソロ旅の移動手段最新情報…38

Column 2　常夏のハワイにも四季がある。
　　　　　　虹、花、フルーツのベストシーズンは？…76

Column 3　チップの目安とテイクアウトのススメ。
　　　　　　絶対行きたい店は、ネットで予約を…91

Column 4　ハワイのトイレ事情と、
　　　　　　もしも！のときのために知っておきたいこと…112

Column 5　大切なお金、両替はどこでする？
　　　　　　ハワイで買う価値あるものとは？…134

おわりに
ソロ旅HAWAIIを知れば、旅がもっと楽しくなる！…137

オアフ島MAP…138

INDEX…140

本書で紹介している住所、電話番号、定休日、ウェブサイト、金額など、すべてのデータ及び記載内容は、2024年7月確認時のものです。その後、変更になることがありますのでご了承ください。また定休日以外に、ハワイとアメリカの祝・祭日の休業、営業時間の変更なども含め、重要な事項は確認してから訪れるようにしてください。

Step

1

Preparation

ソロ旅準備編

せっかく身軽なソロ旅 HAWAII
自由度の高い個人旅行で出かけよう！

　海外旅行に出かけるとき、ツアーにするか個人旅行にするか迷う人もいることでしょう。ソロ旅に限らずハワイは圧倒的に個人旅行で訪れる人が多いところ。ツアーの場合も、航空券とホテル〜空港間の送迎だけで、滞在中はすべてフリーというプランが多いのも、ハワイの特徴です。海外が久しぶりとか、ひとり旅に少々不安があれば、現地のサポートがしっかりしているツアーのほうが安心かもしれません。

　ツアーにひとりで参加する場合、「ひとり部屋追加料金」というのが掛かります。その代わり、主要スポットを巡るトロリーが乗り放題だったり、旅行会社専用のラウンジを使えたり、ショップやレストランの割引クーポンが付くなどのメリットもあります。

　でもせっかく身軽なソロ旅。航空会社や飛行機の座席、ホテルをじっくり選べたりすることもお楽しみのひとつ。自由さを謳歌するなら、個人旅行をおすすめします。旅の準備は、まず航空券の予約からスタート。国際線、国内線に関わらず、航空運賃は出発日が近くなればなるほど高くなるので、なるべく早く予約するのが得策です。旅したい時期が決まったら、前後に1〜2週間の幅を持たせて各エアラインの価格を見比べながら選ぶといいでしょう。パスポートとともに、ESTA（電子渡航認証システム）の有効期限確認を忘れずに！

雨季が終わり、天気が安定してきた3月のハワイ。

✈ ハワイへ行くならいつがおすすめ？
ソロ旅のベストシーズン

　ソロ旅なら、時期も滞在日数も自由に決められます。とはいえ、ひとりだとホテル代、食事代など割高になってしまうことは否めず、少しでも予算を抑えたいと思うのは当然のこと。気候、飛行機代、ホテル代から、ソロ旅のおすすめシーズンをご紹介します。

常夏のハワイにも四季がある

　過ごしやすさで選ぶなら3月下旬から5月。春休みとGWを外せば、飛行機代も安めです。12～2月は雨が多くて天気が変わりやすく、プールやビーチで過ごすには寒い日も。夏休みの混雑が収まった9月中旬から10月も、おすすめのシーズン。11月に入ると、蒸し暑い日が続くことがあります。

Step 1 Preparation

飛行機代は火曜と水曜、ハワイの祝日、イベント当日が割安

　往復とも火曜・水曜出発が底値。ハワイやアメリカの祝日にハワイを出発するフライトも安いです。例えば、6月11日のキング・カメハメハデー、7月4日のアメリカの独立記念日など。現地のイベント開催当日にハワイ入り、または現地を出発するフライトも狙いめ。12月第2日曜日開催のホノルルマラソンの場合、前日と前々日は参加者で混雑しますが、開催当日は空いています。マラソン終了2〜3日後からクリスマス前までは閑散期になり、エアとともにホテルも比較的安くなります。12月はショッピングセンターや、ホノルル市庁舎があるダウンタウン周辺がクリスマスイルミネーションで彩られるので、南の島のクリスマス気分を味わいに出かけるのもいいですね。

ホテル代はアメリカのホリデーシーズンに高くなる

　11月のサンクスギビング、4月のイースターの週末は、アメリカ本土から休暇で訪れる人や、地元の人もホテルで過ごす人が増えるため、ホテル代が高くなります。また、毎年5月にハワイ島ヒロで開催される『メリー・モナーク・フェスティバル』をはじめとしたフライベント、『ウクレレピクニック』開催時も、イベント目当ての人たちでエア、ホテルとも混雑し、割高になることも。もちろん、イベントを目的に旅の計画をする人もいることでしょう。ハワイの祝日やイベント情報は、ハワイ州観光局の公式サイトからチェックできます。

Go Hawaii
ハワイ州観光局　ハワイの旅行情報

www.gohawaii.jp

日本で開催される
ハワイイベントや、
キャンペーン情報もチェック！

✈ ソロ旅の充実度を左右する 往復15時間の機内での過ごし方

　日本からホノルルまでの飛行時間は約7時間半。往復約15時間が目安です。日本発は20〜22時、現地到着が早朝からお昼前というフライトがほとんど。時差はマイナス19時間あり、例えば10月1日の夜に日本を発った場合、同日の午前に現地に到着します。到着日から有効に使うための、座席の選び方と機内での過ごし方をアドバイスします。

眺めがいいのは右側、それとも左側？

　眺めのよさで選ぶなら、往復とも進行方向左の窓側A席。行きは飛行機がオアフ島に近づき高度を下げ始めると、西海岸のコオリナのラグーンが見えてきます。帰りは、アラモアナビーチ、ワイキキビーチ、さらにダイヤモンドヘッドの光景が眼下に広がります。いち早くハワイの景色が見えてきて、最後の最後まで楽しめるのが左の窓側座席なのです。

　トイレに立ちやすい通路側の場合、左右の窓側ブロックと中央ブロックがあります。ソロ旅の場合は中央ブロックの通路側がおすすめ。隣がカップルやグループだと、同行者側から出入りすることが多いというのが理由です。

　エコノミークラスで足元のスペースが広めなのは、各ブロックの最前列。ここなら隣の人を気にすることなく座席を立てます。ブロック最前列のA席

最近は自動チェックイン機を利用することがほとんど。WEBチェックインを済ませておくと、空港での待ち時間を短縮できる。

座席によって快適さに大きな差が。希望の座席を選べなかった場合、空港でもう一度、変更可能か確認するといい。

Step 1 Preparation

は眺めもよくて快適ですが、翼の上だと外の景色は見えません。意外にラクなのが最後列。トイレやギャレーが近いので人の出入りが多く物音はするものの、座席を倒すときに後ろの人に遠慮しなくていいのがメリットです。

パンデミック（コロナ禍）後の傾向として、エコノミーよりビジネスクラスやプレミアムエコノミーから座席が埋まることが多くなっています。格安ツアーが減って、個人旅行や富裕層が増えていることが影響しているのかもしれません。

時差ボケにならないための機内での過ごし方

エアラインにもよりますが機内は寒いことがあり、乾燥します。シューズを脱いでリラックスするためのスリッパとともに、ストールかカーディガンのような羽織りもの、うるおい機能付きのマスク、リップクリームやハンドクリームがあると安心です。

往復の所要時間は約15時間ですが、偏西風の影響があるため季節によって少し変わります。実際には行きより帰りのほうが時間が掛かり、特に西風が強い冬は行きは5時間半くらいで着くことがあれば、帰りは9時間以上かかることも。フライトスケジュールから行きと帰りの所要時間を確認して、機内での過ごし方を考えたいものです。

パーカーやストールなどの羽織りものがあると安心。乾燥対策とともに、機内では靴を脱いでリラックスするためにスリッパを持参。

ハワイの青い空を見れば、時差ボケもあっという間に解消するはず。

✈ パスポート、クレジットカード、スマホにWi-Fi…ソロ旅の必需品

　ソロ旅に限らず、パスポート、クレジットカード、スマホは絶対必要。スマホはWi-Fiの環境が必須です。目的地は紙の地図よりスマホのマップで探したほうが確実だし、『ザ・バス』（P38）のバス停やルート検索にも便利。レンタサイクルの『biki』（P39）、Uber利用時には、スマホとクレジットカードが欠かせません。

　Wi-Fiのルーター機器は意外と荷物になり、一方SIMカードは小さすぎて入れ替え時に無くしそうで怖いから、私はeSIMを利用しています。ちなみに、ホテルやショッピングセンター内、カフェなどではほぼW-Fiが通じます。

　ハワイではJCBカードを持っていると特典の恩恵にあずかれることが多いですが、まれに使えない店もあります。また、ブロックされた場合に備え、異なるブランドがもう1枚あると安心です。

　ドル通貨は最小限で。日本で両替するより、ワイキキの両替所やキャッシュディスペンサーから現地通貨を引き出す方がレートがよい場合が多いです。

　意外に忘れている人が多いのが、アメリカ入国に必要な『ESTA（エスタ）申請』。パンデミック（コロナ禍）後、初ハワイという人は特に注意してください。

　ちなみに、ボトルのミネラルウォーターを持参する必要はありません。最近のハワイではプラスチックごみ削減のためウォーターサーバーを備えたホテルが増えています。ウォーターボトルを持参する方がスマートです。

ウォーターボトルは部屋に備え付けのホテルも。

Step 1 Preparation

✓	絶対に必要なもの
	パスポート
	ESTA申請
	往復の航空券
	海外旅行傷害保険証書
	クレジットカード（できれば、異なるブランドで2枚）
	スマートフォン
	Wi-Fi機器（eSIMが便利）

✓	持参すると役に立つもの
	現地通貨（30～50ドルくらいあれば十分）P134参照
	化粧品、シートマスク
	日焼け止め（できれば紫外線吸収剤を含まないもの）
	常備薬、虫よけ、虫刺され薬
	サングラス
	エコバッグ
	ジッパー付き保存袋
	割りばし、カトラリー（できればプラスチック製でないもの）
	洗濯用洗剤（小袋）
	洗濯ばさみ、ミニ洗濯ハンガー
	ポケットティッシュ、ウェットティッシュ
	ハンドサニタイザー
	水着、ビーチサンダル、リゾートウエア（現地購入も◎）

TOPページから日本語を選べる。代行業者は手数料が掛かるので、自身で申請する方がいい。

ESTA
エスタ：電子渡航認証システム

90日以内の観光や商用でアメリカ合衆国に入国する場合、認証取得が必要。出発の72時間前までにWEBで申請する。パスポート番号が必要で、申請料金21ドルはクレジットカード決済。有効期間は申請承認から2年間。入国時に有効であれば、滞在中に失効しても問題ない。
esta.cbp.dhs.gov

Solo Trip Schedule Guide

3泊5日の基本コース

Day 1

10:00

ダニエル・K・イノウエ国際空港（ホノルル空港）到着。入国審査後、荷物をピックアップしたら、右方向の個人出口から外へ。Uberまたは、エアポートシャトルでワイキキに向かう。
➡ Uberは25〜30ドル（P38）、空港シャトルは22〜23ドル（往復割引あり）が目安。

11:30 ホテルに荷物を預け、ブランチに。
➡『グーフィー・カフェ＆ダイン』『クリーム・ポット』『ヘブンリー・アイランド・ライフスタイル・ワイキキ』(P98)がおすすめ。

13:30 ワイキキのショッピングセンター、スーパー、コンビニをぶらぶら。滞在中に必要なものをお買い物＆街頭のスタンドからフリーペーパーをゲット。

15:00 ホテルにチェックイン。
➡ P20

16:00 スパ＆マッサージでフライトの疲れ＆時差ボケ解消（事前予約が必須）。
➡ P118〜121

18:00 デリやスーパーのテイクアウトで早めの夕食。ゆっくり休む。
➡ P94

Day 2 — PLAN ❶

06:00 ダイヤモンドヘッド登山に出発！
➡ ワイキキからは、『ザ・バス』23番で公園入口まで約20分。

07:00 ダイヤモンドヘッド登山へ（WEBから事前予約が必要）。のんびり登って、トレイルと山頂からの景色を楽しむ。
➡ P56

09:00 下山後、モンサラット・アヴェニューの人気カフェで朝食。
➡『ボガーツカフェ』『アース・カフェ』『サニーデイズ』がおすすめ。

11:00 カイムキタウン散策へ。ワイアラエ・アヴェニューのショップやカフェ、ベーカリーをチェック。
➡ P68

15:00 ホテルへ帰ってひと休み。

PLAN ❷

06:30 アクティビティツアーに参加。野生のイルカに出会ったり、スノーケルを楽しむ。
➡ P62、P64

14:30 ホテルへ帰ってひと休み。

PLAN ❶ ❷ 共通

17:00 ハッピーアワーで早めの夕食後、ワイキキビーチのサンセットを見に行く。
➡『ヘブンリー・アイランド・ライフスタイル・ワイキキ』(P98)、『アイランド・ヴィンテージ・ワインバー』(P100)、『スプラッシュ・バー』(P102)など。

到着日から帰国当日まで、よくばりに過ごすスケジュールをご紹介。早寝早起き、かなりツメツメのスケジュールになっています。自身の体力&お好みで調整してくださいね。

Day 3

08:30　ベーカリーで軽く朝食を済ませ、『ザ・バス』でダウンタウンへ。
→P88

10:00　ダウンタウンの美術館＆町散策。
→P70
美術館は『ホノルル美術館』(P44)、『イオラニ宮殿』(P46、要予約)、『キャピトル・モダン』(P50)を2カ所くらいハシゴ。

13:00　ミュージアムカフェでランチ。
→『ホノルル美術館』(P44)、YWCA内の『カフェ・ジュリア』がおすすめ。

16:00　ホテルへ帰ってひと休み。

17:00　ワイキキ内のコンビニまたはスーパーマーケットでお土産ショッピング。
→ハワイ産グルメフードなら『ディーン＆デルーカ』(P94)、スーパーは『ワイキキマーケット』がおすすめ。

18:00　最後の夜は、ちょっと贅沢なディナーを。
→ワイキキの近くなら『アーデン・ワイキキ』(P108)、またはUberを利用して『ミロ・カイムキ』(P110)へ。

22:00　もう少し飲みたいときは、ワイキキのホテル内のバーへ。
→ハレクラニの『ルワーズ ラウンジ』(P104)がおすすめ。

Day 4

07:00　ワイキキビーチ、またはアラワイ運河周辺の朝散歩。
→P128、P129

08:30　ホテルから空港へ。
または
午後のフライトで時間に余裕があれば、眺めのいいレストランで最後の朝ごはん。
→『デック』(P80)、『プルメリア ビーチハウス』(P82)、『モンキーポッド・キッチン』(P90)、『ハウス ウィズアウト ア キー』(P104)など。

Day 5

日本に到着。

5泊7日の1週間満喫プラン

もう2泊プラスすれば、かなりゆったり過ごせます。以下をスケジュールに加えてみてはいかがでしょう。

- カピオラニ公園の『キロハナ・フラショー』(P66)
- サタデー・ファーマーズマーケットKCC（P136）
- 『キャットカフェ・モフ』(P116)でモフモフタイム
- カイルア（P72）、またはハレイワ（P74）まで足を延ばし、ビーチタウン巡り
- ホテルのプールタイム

17

ソロ旅HAWAIIをちょっと贅沢に！
デルタ航空の デルタ・プレミアムセレクト

ソロ旅にとって機内で過ごすひとり時間も、大切な旅の一部。今回、利用したデルタ航空のプレミアムエコノミー「デルタ・プレミアムセレクト」は、ビジネスクラスよりもリーズナブルで、ちょっとがんばれば手が届くプライス。100パーセント自分時間のソロ旅を、より思い出深いものにしてくれました。

✈ 限られたハワイ滞在日数を 最大限に使えるフライトスケジュール

羽田空港からホノルルまで、デイリー便を運航しているデルタ航空。都心からのアクセスのよい羽田空港から夜遅めの時間に出発するから、仕事を終えた後でも余裕で間に合うのが第一のメリット。さらにホノルル出発時間が夕方なので、帰国日もゆっくりブランチやランチを楽しめることが、デルタ航空を選んだ理由です。

✈ スマホアプリ「Fly Delta（フライデルタ）」で スピーディーに！

さっそくダウンロードしたのが、スマホ専用アプリの「Fly Delta」。これを利用すればチケット予約、座席の変更、機内食のチョイス、事前チェックインから預ける荷物の個数まで管理OK。出発24時間前からチェックインできるので、あとは空港で荷物を預けるだけ。自動チェックイン機にQRコードやパスポートを読み込ませたりする手間もありません。空港到着から10分後には搭乗口という、驚くほどのスピーディーさに感動！

ホノルル線の使用機材は経済性を重視した中型機。すべての座席に個人用スクリーンと電源を装備している。

スマホ専用アプリの「Fly Delta」を使えば、旅のスケジュール管理がスムーズ。座席の変更もチェックイン直前まで可能。

プレミアムエコノミーの「デルタ・プレミアムセレクト」は18席だけ。ちょっと贅沢な気分に浸れる空間。

ちょっとワクワクする「デルタ・プレミアムセレクト」初体験！

　ホノルル便の座席は、ビジネスクラスの「デルタ・ワン」、プレエコの「デルタ・プレミアムセレクト」、足もとが広めの「デルタ・コンフォートプラス」、「メインキャビン」の4クラス。今回利用した「デルタ・プレミアムセレクト」の場合、スピーディーなチェックインと優先搭乗に加え、到着地では手荷物を優先的に受け取れます。

　座席はリクライニングの角度が大きく、フットレストとレッグレストもあり、ゆったりと体を伸ばしてくつろげます。ヘッドセット、ブランケット、靴下とリップバームが入った機内アメニティもうれしい。機内の必需品、スリッパは、デルタ・ワンと同じものを使用しています。

陶器でサービスされる機内食が全部で3種類

　機内でのお楽しみのひとつが機内食。以前はビジネスクラス限定だった事前予約プログラムが、「デルタ・プレミアムセレクト」にも導入されています。メニューは「Fly Delta」アプリか、出発前に届くeメールのリンクから、洋食、ベジタリアン対応のパスタ、ミシュランシェフが監修した和食の3種類から選べ、あとで変更も可能です。

　サービスに使われるのは陶器の食器とガラスのグラス。気分がぐ〜んと盛り上がるのは言うまでもありません。

次のソロ旅が楽しみになる、デルタスカイマイル

　さらにうれしかったのは、何年も前に登録したマイレージがそっくり残っていたこと。デルタ航空のマイレージプログラム「デルタスカイマイル」は有効期限がないうえ、足りないマイルを購入できることも大きな魅力。すっかり得した気分になり、次回のソロ旅が楽しみになっています。

「Fly Delta」アプリで出発の7日前から24時間前まで、お好きなメインディッシュを選べる。ホノルル到着前には、フレッシュフルーツのサービスも。

ビジネスクラスと同じヘッドセット。

機内アメニティキットは、持続可能な材料を使用したメキシコ人職人によるハンドメイド。サステナブルな旅のための取り組みが随所に。

デルタ航空予約センター
TEL 0570-077733
（月〜金曜 9:00〜19:00）
delta.com

Step 2

Stay

ソロ旅ステイにおすすめのホテル

ホテル選びはロケーションと清潔さ重視。リゾートフィーの有無もチェック！

　ソロ旅で最も割高感を実感するのがホテル代。でも、ケチケチしすぎて、部屋に入ったときに気分が盛り下がるようなホテルでは、滞在中ずっと嫌な気分を引きずってしまいます。

　こだわりポイントの第一は、ロケーション。レンタカーを使うとか、サーフィンのためにノースショアに滞在するとか、特別な目的があれば別だけど、できればワイキキ内で夜遅く出入りしても安全な場所がいいですね。第二に、シンプルでもいいから清潔なホテル。バスアメニティは最小限でも、シーツやタオルが清潔で、カラリと乾いていることが必須です。宿泊予約サイトをいくつか見比べて、最新の口コミや投稿写真も必ずチェックしましょう。このところ、ハワイのホテルはリノベーションが盛ん。古いホテルがおしゃれに生まれ変わっていることがあれば、以前はよかったけれど最近はいまひとつ…ということも少なくないのです。

　オーシャンビューの部屋は理想ですが、少しでも海が見えると部屋代がぐんと高くなります。マノア方面の緑がきれいに見える山側や、夜景を望めるシティービューのほうが割安です。宿泊料金には、州税（4.7％）のほかホテル税（オアフ島の場合13.25％）が加算されます。もうひとつ、ホテルによって異なるのが1室1泊ごとに加算されるリゾートフィー。エコノミーなホテルで20〜30ドル、高級ホテルになると50ドルに跳ね上がることも。基本の部屋代は高めだけれど、リゾートフィーなしというホテルもあるので、室料だけでなく総額を検証して選ぶようにしてください。

ソロ旅のリピーター急増中！
ワイキキの最旬ホテル

ハレプナ ワイキキ バイ ハレクラニ

　ホテル名を見てわかるように、名門ホテル『ハレクラニ』に隣接する姉妹ホテルです。ご本家よりずっとリーズナブルな宿泊料金でありながら、同じレベルのサービスを受けられるとくれば、選ばない理由はありません。ロケーションが便利なうえ、セキュリティが万全なので、ソロ旅の女性も安心して過ごせます。

水底にホテルのロゴが揺れるインフィニティプール。プールサイドで冷たいカクテルを楽しんだり、『スパハレクラニ』のトリートメントを受けられる（予約制、有料）。

　水色をベースにしたシンプルなインテリア、肌触りがよいバスローブ、上品な香りのオリジナルバスアメニティ、館内のウォーターサーバーを利用するために備え付られたボトルのデザインもおしゃれ。細やかな配慮から、ホテルのポリシーが伝わってくるようです。デラックスオーシャンビューの客室からは、ハレクラニ越しにワイキキビーチとアラモアナビーチ、その向こうに広がるオアフ島西部の山影までぐるりと見渡せます。夜景がきれいなのは、シティビューとマウンテ

控えめな色合いとシンプルなインテリアに落ち着き、アメニティの香りにも癒される。

Step 2 Stay

デラックスオーシャンビューから望むワイキキビーチ。"癒しの海"と呼ばれるカウェヘヴェヘ（P124）がくっきり！

ンビュー。インフィニティプールがある8階にはフィットネスセンターとランドリー、リモートワークに便利なビジネスセンターもあり、ロングステイでも不便はありません。

　ハレクラニのレストランやスパの利用料、ブティックのお買い物代金をルームチャージできるほか、ハレプナとハレクラニ、両方のホテルで行われている朝のフィットネスメニューを無料で体験できるのがうれしい。さらに、部屋のキーを提示すれば『ホノルル美術館』（P44）、『ビショップ博物館』（P48）が入館無料に。宿泊料金だけを見ると決して安くはないのですが、リゾートフィー（P21）が必要でないことも大きなポイント。一度滞在すれば、多くのリピーターから支持されている理由がわかります。このホテルに滞在した後、予算が許せばハレクラニに引っ越して1〜2泊しソロ旅を締めくくれたら、もういうことはありません！

朝食に、『ハレクラニ ベーカリー』（P88）のデニッシュとコーヒーをルームサービスで味わうことができる。

Halepuna Waikiki by Halekulani
ハレプナ ワイキキ バイ ハレクラニ

［ワイキキ中心部］ MAP: P139 エリア①
2233 Helumoa Rd., Honolulu
TEL 808-921-7272
料金：ワイキキマウンテンビュー $470〜、オーシャンビュー $538〜、デラックスオーシャンビュー 614ドル〜　全288室
チェックイン14:00 ／アウト12:00
www.halepuna.jp

アーリーチェックインなど、4つの特典から2つを選べるパッケージプランがお得！

ワイキキのまん中で
　ビーチバンガロー気分を楽しむなら
星野リゾート サーフジャック ハワイ

　ソロ旅のホテル選びは、プールサイドの居心地の良さで決めるのもあり。なぜならプールサイドは、そのホテルの社交場のような場所だから。半日も過ごせば客層やスタッフのキャラクターなどが見えてきて、自分に合うホテルかどうか判断できるからです。

ベッドヘッドのクロスは、ヴィンテージアロハのデザインを取り入れたもの。

　カラカウア通りとアラワイ通りを繋ぐ小さな路地にある『サーフジャック ハワイ』のプールは楕円形のシンプルなものなのだけど、このプールサイドで過ごす時間が気持ちよくて、長期滞在を決め込む人もいるほどです。

　ワイキキ周辺には、1960年代のミッドセンチュリーやオールドハワイをイメージしたブティックホテルが増えていますが、その先駆けとなったホテル。ビーチから数ブロック離れたロケーションにもかかわらず、海辺のビーチバンガローで過ごしている気分を味わえます。

ワンコも集うプールサイド。水底の"Wish You Were Here!（あなたもここにいたらいいのに！）"の文字を見るとなぜかワクワクしてくるから不思議。

ハワイ在住のクリエーターたちのデザインや作品、アイデアを取り入れていて、遊び心があるインテリアや小物のセンスが抜群。客室数100あまりのコンパクトさも使い勝手がよく、プールを取り囲むようにレセプションとレストラン、ラウンジがまとまっているから、客室との行き来がスムーズです。モーニングコーヒーのサービスがあるほか、客室備え付けのトードバックもとても気が利いています。毎晩、催されるローカルミュージシャンのライブや、第1・3木曜日の月2回開かれるナイトマーケットも楽しみ。地元のショップやクリエーターが出店しているので、お土産探しにぴったりです。

"ミッドセンチュリーハワイ"がコンセプト。地元で活躍するアーティストたちが手掛けた家具や作品も見どころ。

ペットフレンドリーなホテルとしても知られていて、朝夕のお散歩タイムにはさまざまな犬種のワンコに出会えます。総支配人夫妻の愛犬、ジャックがプールサイドにお目見えすることもあり、ワンコ好きの人は要チェックですよ。

カカアコで人気のカフェ『アーヴォ』が出店。

The Surfjack Hotel & Swim Club
星野リゾート　サーフジャック ハワイ

[ワイキキ中心部] MAP: P139 エリア①
412 Lewers St., Honolulu
TEL 808-923-8882
　　050-3134-8094（星野リゾート
　　　予約センター）
料金：1泊245ドル〜　全108室
チェックイン15:00 ／アウト12:00
surfjack.jp

5泊以上すると20％割引になる『ロング・ウェイブ』プランあり。（日本語公式サイト限定）。

レトロな雰囲気に癒される
美貌の王女ゆかりのホテル

シェラトン・プリンセス・カイウラニ

　新しくて清潔な部屋に泊まりたいと思うのは当然のこと。今、まさにリノベーションが終了したばかりのホテルが、『シェラトン・プリンセス・カイウラニ』（2024年現在）。"ピンクパレス"こと『ロイヤルハワイアン』、"ワイキキのファーストレディー"のニックネームをもつ『モアナサーフライダー』、ワイキキ最大の客室数を誇る『シェラトン・ワイキキ』と同系列のホテルの中で、もっともリーズナブルな宿泊料金が魅力です。

モアナサーフライダーとワイキキビーチ、ダイヤモンドヘッドのふもとまで見渡せる、贅沢なオーシャンビュー。

　1955年、キング・カメハメハデーの6月11日に開業。ロコたちが親しみを込めて"PK"と呼ぶホテル名の由来になったカイウラニ王女はハワイ王朝時代、"王国最高の美女"と呼ばれた女性。その邸宅跡に立つホテルのエントランスには、彼女が腰かけたと伝わる岩が残っています。
　カイウラニ通りに面してメインエントランスがありますが、滞在中

リノベーションが終わったばかりの客室。女性が社長を務めるハワイのデザイン会社が手掛けたインテリアは、フレッシュ＆トロピカルなイメージ。

Step 2 Stay

1955年の開業当時、ワイキキで最も高層のホテルとして話題になった。

はプールサイドからカラカウア通りに抜けるこじんまりとしたゲートを利用するのがおすすめ。夕暮れになるとここからライブのハワイアンミュージックが聞こえてきて、ゲートをくぐると古き良き時代のハワイにタイムスリップした気分になります。

　スカイブルーの壁紙を中心に一新された客室は、フレッシュという表現がぴったり。ビーチから1ブロック離れているにもかかわらず、80％以上の客室から海が見えるのも自慢です。プールサイドにある『スプラッシュ・バー』（P102）は、朝食からディナーまで楽しめるオールデーダイニング。ハッピーアワーのメニューがお得ですよ。

　リノベーションが着々と進んでいるとはいえ、ロビーやエレベーターホール、プールサイドに、そこはかとなく昭和レトロな香りが漂っています。ほかのホテルにはない味わいなので、このまま変わってほしくないな、というのが私の願い。

王女の肖像画をはじめ、王朝ゆかりの品々が展示されたパブリックスペース。卓球台もあります！

Sheraton Princess Kaiulani
シェラトン・プリンセス・カイウラニ

［ワイキキ中部］ MAP:P139 エリア①
120 Kaiulani Ave., Honolulu
TEL 808-922-5811
料金：ワイキキビュー 249ドル〜、
タワーオーシャンビュー 324ドル〜
全1152室
チェックイン15:00／アウト11:00
www.marriott.com/ja/hotels/hnlks-
sheraton-princess-kaiulani/overview

ウクレレレッスンなどのアクティビティのほか、モアナサーフライダーの朝ヨガにも参加OK。

ロケーション、ホスピタリティ、コスパよし。
リノベで生まれ変わったホテル

ワイキキ・マリア

家具の一つひとつにハワイらしさが感じられ、リラックスできる。

　ワイキキの交通の大動脈が、ザ・バスやトロリーが行き交うクヒオ・アヴェニュー。そのほぼ中央に位置する『ワイキキ・マリア』は2023年夏、リブランドとともにロビーとホテルルームのマリアタワーが全面改装されたばかり。以前のホテルを知っている人なら、生まれ変わったように明るくモダンな雰囲気に、驚くかもしれません。

　クラゲをイメージしたシャンデリアが掛かるロビーにはハワイ諸島の地図や人気スポットの写真などが飾られ、プールがある中庭では毎週金曜日の13時から14時まで、アロハ・フライデー・イベントが催されます。ジェラートのサービスのほか、週替わりでウクレレやレイメイキングレッスンがあり、すべて無料。案内役は総支配人をはじめとしたスタッフなので、お

寝心地抜群のベッドのマットレスは、高級ホテルのスイートルームに選ばれることが多いサータ社のもの。

"海の女神"をモチーフに、ローカルアーティストが手掛けたプールサイドの壁画。

Step2 Stay

すすめの過ごし方を尋ねてみたり、滞在中に気付いたことを伝えれば、きっと喜んでもらえるはず。

客室のデザインコンセプトは、ハワイ語で"穏やか"、"静か"を意味する"マリエ（Malie)"。「外ではアクティブに過ごし、部屋に帰ったらくつろいでほしい」という想いから、採用されたのだとか。実際に滞在してみると、ベッドの寝心地が抜群。バスルームにはバスタブとハンドシャワーを完備し、電子レンジを備えたフロア、24時間利用できるフィットネスジムとランドリーもあります。もうひとつの建物のルアナタワーは全室キッチン付き。暮らすような気分で長期の滞在をするなら、こちらもおすすめです。

ホノルルマラソンの参加者をはじめ、もともとリピーターに人気が高かったホテル。イメージは一新しましたが、支配人をはじめ、ほとんどのスタッフを旧ホテルから引き継いでいるのだそう。スタッフからもそれだけ愛されていたということでしょう。新たな魅力が加わり、ますます人気が高まることは間違いありません。

フロントデスクには日本語ができるスタッフが常駐。アットホームな雰囲気もリピーターから人気の理由。

Waikiki Malia
ワイキキ・マリア

［ワイキキ中心部］MAP: P139 エリア①
2211 Kuhio Ave., Honolulu
TEL 808-923-7621
料金：ワイキキビュー 198ドル〜、
パーシャルオーシャンビュー 263ドル〜
全327室
チェックイン15:00 ／アウト11:00
www.waikikimalia.com

16階以上のパーシャルオーシャンビューは、眺めがよくてコスパも◎

29

高層ホテルに囲まれながらも、ワイキキの中心とは思えないのんびりした光景。

離島のコテージのようなホテルは
ワイキキに残された奇跡空間

ブレーカーズホテル

　ホテルがあるのは、手作りアイスクリームとサンドイッチで有名な『高橋果実店』をはじめ、商店、コージーなイタリアンやとんかつ店が並び、ハワイの新旧がゴチャッと混在したような場所。初めて滞在したときの第一印象は、「本当にここがワイキキなの？」でした。プールに面した客室のドアは、ほとんどが開かれたまま。ゲストは自分の家の庭のようにプールサイドと客室を行ったり来たり。買い物や食事に出掛けて数時間後に帰ってくると、出掛ける時のまんまの姿でくつろいでいる人や、パラソルの下でおしゃべりに興じるご婦人たち。通りからプールサイドが見渡せるゲートから入ったとたん、離島の小さなコテージに帰ってきたような錯覚に陥るのです。

　もうひとつ、私を惹きつける理由が、フロント前の椅子の上でいつも昼寝をしていた看板猫のマイリ。先日、数年ぶりに訪れたら初代のマイリは17歳で虹の橋を渡ったばかりとのこと。その悲しさを癒してくれたのが、生後4カ月になったばかりの2代目マイリでした。

　客室はとてもシンプル。バスルームはシャワーだけで、アメニティも石けん1個なのですが、シーツやタオルがからりとしていて、いつも清潔に保たれています。さらに、ホテル代が高騰中のハワイにあって、パンデミック（コロナ禍）前からさほど値上げしていないところ

昭和レトロという表現がぴったりの客室。キッチン付きで電子レンジ、調理器具、これまたレトロな電熱コンロを備えている。

まるでアジアの離島？　一日中プールサイドで過ごしたくなる。

も奇跡。そのせいか、ホリデーシーズンやアメリカ本土から避寒目的に長期滞在のゲストが訪れる12〜3月はいつも満室で、なかなか予約が取れません。あちこちで新しいホテルの建築やリノベーションが進むワイキキにあって、こんな小さなホテルが残されていることそのものが奇跡。再訪できる機会とともに、いつまでもこの場所にあってほしいと願わずにはいられません。

左／2代目のマイリは、早くもお客さんの間で人気者に。
右／リピーターのお客さんが贈ってくれた、先代マイリの似顔絵。どれだけ愛されていたかが伝わってくる。

The Breakers Hotel
ブレーカーズホテル

[ワイキキ中心部]　MAP: P139 エリア①
250 Beachwalk, Honolulu
TEL 808-923-3181
料金：シングル150ドル〜、
ツイン170ドル〜　全63室
チェックイン随時（客室の状況による）／
アウト12:00
www.breakers-hawaii.jp

ホテル内に裏千家の茶室があり、定期的にお茶会を開催。見学はフロントに問い合わせて。

キャラクターが際立つエコノミーホテル3選

アウトリガー・ワイキキ・ビーチコマー／
クイーン・カピオラニ／ココナッツ・ワイキキ

限られた滞在日数で、効率よく時間を使いたい旅にもってこいのロケーションにあるのが、『ワイキキ・ビーチコマー』。『インターナショナル・マーケットプレイス』（P126）に隣接し、目の前が『ロイヤル・ハワイアン・センター』とくれば、ワイキキのマストスポットの半分以上は制覇したようなものです。メインロビーは、カラカウア通りに面したエントランスからエスカレーターで上がった2階。ビーチまでの距離はスタッフ曰く、「たったの300歩だよ！」。週末はプールサイドでパーティーが開かれることも。

上／客室の壁面を飾るのは、ハワイ生まれのサーフ・フォトグラファー、ザック・ノイルの写真。下／カラカウア・アヴェニューに面したエントランス。

　ワイキキの東端に位置し、プレートランチの人気店『レインボー・ドライブ・イン』や、マラサダで有名な『レナーズ』にも歩いて行けるのが、『クイーン・カピオラニ・ホテル』。カピオラニ公園が目の前

Outrigger Waikiki
Beachcomber Hotel
アウトリガー・ワイキキ・ビーチコマー・ホテル

［ワイキキ中心部］ MAP: P139 エリア①
2300 Kalakaua Ave., Honolulu
TEL 808-922-4646
　　03-4588-6441（日本予約センター）
料金：ワイキキビュー221ドル〜　全498室
チェックイン15:00 ／アウト11:00
jp.outrigger.com/hawaii/oahu/outrigger-waikiki-beachcomber-hotel

Queen Kapiolani Hotel
クイーン・カピオラニ・ホテル

［ワイキキ中心部］ MAP: P139 エリア①
150 Kapahulu Ave., Honolulu
TEL 808-922-1941
料金：スタンダードルーム199〜
全315室
チェックイン15:00 ／アウト11:00
www.queenkapiolani.com

ローカルアーティストの作品が壁画を飾るロビーと客室。

なので、朝のビーチ散歩やウォーキング＆ランニングを楽しみたい人におすすめです。ここは、二方向から風が吹き抜けるロビーがとても気持ちいい。3階のプールフロアにオールデーダイニングの『デック』（P80）があり、ダイヤモンドヘッドの全景を眺めながら食事を楽しめるのもポイント。早起きすれば、ダイヤモンドヘッドから昇る朝日を眺められますよ。

アラワイ運河に面し、夕方に雨が降ったあとは、マノア方面に虹が架かるのが楽しみ。

　20年近く前からリピートしているのが、アラワイ通りにある『ココナッツ・ワイキキ・ホテル』。エントランスからしてとても明るい雰囲気で、小さいながら無料で使えるジムがあります。客室にはミニキッチンと電子レンジがあり、テイクアウトした料理を温めたり、ちょっとしたサラダを作って食べるのに便利。日本語はほとんど通じないけれどスタッフはみんな親切。カジュアルなうえ、とても居心地のいいホテルです。

Coconut Waikiki Hotel
ココナッツ・ワイキキ・ホテル

［ワイキキ中心部］ MAP: P139 エリア①
450 Lewers St., Honolulu
TEL 808-923-8828
料金：シングル119ドル〜、
シングルキング127ドル〜　全81室
チェックイン15:00／アウト11:00
coconutwaikikihotel.com

アラワイ運河沿いには、比較的お手ごろなホテルが多いので要チェック！

バケーションレンタル＆
ホームステイでプチ留学

アロハ マイ ホーム

　物価高＆円安がお財布を直撃するハワイ旅。キッチン付きのコンドミニアムは一人では割高なことも多く、B&Bや民泊は当たりはずれがありそうで不安…。という人は多いはず。その点、日本人の女性オーナーが管理するバケーションレンタルなら安心です。オーナーのYURIさん自身がデザインした部屋は、それぞれのコンセプトカラーから、Blue Lagoon、Coral、Pineappleの3タイプ。いずれもワイキキの中心部にあり、キッチン、温水洗浄便座（ウォシュレット）とランドリーを備えて、ほかにも管理している物件があります。

　サンライズシェルを使ったアクセサリー作りやインテリアコーディネイトのレッスンも開催しているYURIさん。そのセンスの良さはリピーターの間でも評判。部屋は日本人レベルの清潔さでタオルのストックも十分用意されているから、とても気持ちよく過ごすことができます。当然のこと人気が高く、旅の予定が決まったら予約はお早めに。空室をチェックしてから旅のスケジュールを決めるのもいいと思います。1泊から利用できますが、チェックアウト時の清掃料150ドルは何泊しても同じなので、ロングステイが断然おすすめ。

ビーチ、ショッピングにも便利な部屋をワイキキに3タイプご用意。オーシャンビュー、駐車場付きなど、好みと用途に合わせて選べる。

Step 2 Stay

　さらに、カイムキ（P68）にある自宅では、語学留学、親子留学のほか、ハワイ滞在のさまざまな目的に応じて短期から長期のホームステイを受付中。空港、学校送迎とともに、オアフ島内の観光やアクティビティ、食事付きのプランもあります。カイムキはセンスがいいローカルショップが多く、人気のレストランやカフェが集まる場所。ハワイで暮らすような体験に、何度もリピートしたくなるはずです。

ホームステイ用の部屋は、ローカルタウンのカイムキに。留学プランを利用して暮らすように過ごしたい。

Aloha My Home
アロハ マイ ホーム

[ワイキキ中心部]＆[カイムキ] MAP: P139 エリア①＆②
料金：バケーションレンタル1泊120ドル〜
（チェックアウト時の清掃代は別途150ドル）、
料金：留学パッケージ（1週間）1290ドル〜、
オトナ女子留学（1週間）2380ドル〜、ほか
www.alohamyhome.info

YURIさんがハワイの最新情報を紹介するインスタライブも必見。

プライベートビーチのように静かな海辺は、朝夕の散策も楽しみ。

ラグジュアリーホテルをひとり占めする
ソロ旅最高の過ごし方
ザ・カハラ・ホテル＆リゾート

　エコノミーなホテルに滞在した後は、旅の仕上げに憧れの高級ホテルステイを楽しんではいかがでしょうか。

　いいホテルであればあるほど、連泊してこそ本当の良さがわかります。最低でも2泊し、1日はどこにも出かけずホテル内で過ごしてみてください。だって1泊では到着日の夕方からしかプールに入れないし、翌朝もチェックアウトを控えて落ち着けず、せっかくの高級ホテルを満喫したことにならないからです。

　おこもりステイにもうってつけなのが、『ザ・カハラ・ホテル＆リゾート』。ワイキキから車で15分ほどしか離れていないのに、離島の

カハラ・シックと呼ばれるクラシカルなインテリア。

きらめくシャンデリアの下でアフタヌーンティーやカクテルタイム、ライブ演奏を楽しめる。

Step 2 Stay

ラグーンで泳ぐイルカたちと遊べるプログラムがあり、ワイキキではできない貴重な体験が可能。

ホテルのような雰囲気を味わえることから、世界中の著名人が定宿にしていることでも知られています。

　ホテル前のビーチは、プライベートビーチのように静かでのんびりした雰囲気。週末でも、混雑することはほとんどありません。ダイヤモンドヘッドより東側にあるので、ココヘッドから昇ってくる朝日がとてもきれい。海がきらめき少しずつ青みを増してくる朝、日が高くなるにつれて気だるい空気に包まれる午後、夕日に照らされて空と海がオレンジ色に染まる夕刻…。一日中ずっと眺めていても飽きることがありません。

　オーシャンビューや、ラグーンで泳ぐイルカを眺められるお部屋はもちろんいいのですが、ソロ旅には山側のゴルフマウンテンビューがおすすめ。名門ゴルフクラブと、瑞々しい緑に覆われたコオラウ山脈が目の前に迫り、プールやビーチで過ごした後、部屋に戻ってくると、しっとりした雰囲気にとても癒されます。

　フラレッスン、ブレスレットメイキング、ヨガなどの日替わりの無料アクティビティが用意されているので、滞在中はイベントカレンダーのチェックを忘れずに！

1964年の創業時からある朝食メニュー『薄焼きパンケーキ』。ルームサービスでゆっくり味わいたい。

The Kahala Hotel & Resort
ザ・カハラ・ホテル&リゾート

［カハラ］MAP: P139 エリア⑤
5000 Kahala Ave., Honolulu
TEL 808-739-8888
料金：オーシャンフロント815ドル〜、
ゴルフマウンテンビュー 446ドル〜
全339室
チェックイン15:00／アウト12:00
jp.kahalaresort.com

朝食のほか
記念グッズ付きの
『60周年記念特別
宿泊パッケージ』を実施中。

ソロ旅のお役立ちコラム

Column 1
安全に、お安く、ソロ旅の移動手段最新情報

公共交通機関『ザ・バス』が島内を走るオアフ島。各種のトロリーバス、Uber（ウーバー）やシェアバイク（自転車）の『biki（ビキ）』を組み合わせれば、レンタカーなしでもほぼ自由自在に移動できます。ハワイで運転したい場合、ソロ旅のレンタカー利用は割高になるので、島内一周やザ・バスで行きにくい場所など、スポットで利用するのがいいと思います。

3ドルで島じゅうに行けるザ・バスは『HOLO』が便利

HOLOでハワイ初の鉄道『スカイライン』にも乗れる。

　ザ・バスは地元の人はもちろん、ツーリストにとっても重要な足。1乗車につき3ドルの一律料金で、バス停1区間の乗車でも、約4時間をかけて島内を一周する路線でも料金は変わりません。スマホに『DaBus2』というアプリをダウンロードしておけば、現在地の近くにあるバス停の位置と到着時間、ルートも検索できます。

　ホノルル郊外へ行く路線のほとんどがアラモアナ・センターから発着するため、ワイキキからはアラモアナ・センターまで行き、乗り換える必要があります。滞在中に何度も利用する場合、プリペイドカードの『HOLO』が便利。このカードを利用すれば、2時間半以内であれば追加料金の必要はなく、初回乗車時の3ドルで乗り換えられます。また、1日に3回以上乗車しても最大乗車料金は7.50ドル。

　主要ABCストアで7.50ドル分がチャージされた『Day Pass』が販売されていて、必要に応じてチャージすれば、利用し続けることができます。長期滞在の場合は、1週間乗り放題の『7-Day Pass』（30ドル）か、1カ月間利用できる『Month Pass』（80ドル）があり、セブンイレブンやフードランドで販売されています。

ザ・バスを乗りこなせば、オアフ島は自由自在。

ザ・バスの公式サイト ➡ www.thebus.org
HOLOの購入方法と使い方 ➡ www.holocard.net/ja

サイクリング気分で楽しむbiki

ワイキキからアラモアナ、カカアコ、ダウンタウンなどの人気エリアを巡るのに便利なのが、シェアバイクのbiki。ホノルル内に約130カ所のスポットがあり、1000台以上の自転車が配置されています。操作パネルには日本語表示があるから安心。最長30分利用できる『ワンウェイ』(5ドル)、24時間乗り放題の『ザ・ジャンパー』(20ドル)、300時間まで利用できて1年間有効な『ザ・エクスプローラー』(55ドル)があり、支払いにはクレジットカードが必要です。

biki利用ガイド
➡ gobiki.org/japanese

bikiのスポットと操作パネル。車と同じ右側通行で、大通りには自転車専用レーンがある。

ワイキキ〜アラモアナセンターは、タダで乗れる『ピンクライン』を利用

ホノルル周辺にはツアー会社、航空会社などさまざまな車体デザインのトロリーが走っています。ショッピング、ダイニング、ビーチなど目的と方面別に6つのラインがあるのが『ワイキキトロリー』。各ライン1日乗り放題が19〜31.50ドル、4日間全ライン乗り放題が68.25ドル。ワイキキ〜アラモアナセンター間を巡回する『ピンクライン』に限っては、クレジットカードのJCBカードを提示すれば無料で乗車できます。JCBマークがあるカードなら何でもOK。便利なうえお得なので、ぜひ持参することをおすすめします。

ワイキキトロリー
➡ waikikitrolley.com/jp

DFS前から主要ホテルを経由し、アラモアナセンターまでを往復する『ピンクライン』。

Step 3
Museum & Historical Spot

ハワイをもっと深く知る
ミュージアム & 歴史スポット

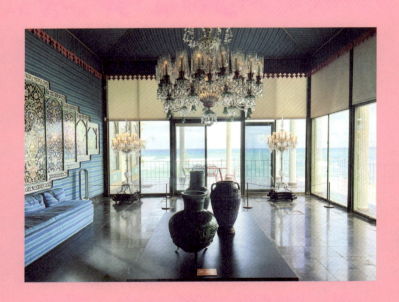

ハワイは知る人ぞ知る美術館の宝庫。
水着なしで楽しめる知的アクティビティ

▶　▶　▶　▶

　ハワイでぜひともおすすめしたいのが、ミュージアム巡り。涼しくて気持ちいい場所が多いうえ、広すぎず1日に2〜3カ所回っても、くたくたになることはありません。世界的にも価値がある美術作品がギュッと凝縮されているのがハワイのミュージアム。気に入った作品の前で1時間以上過ごすことだってできるし、中庭やミュージアムカフェで読書を楽しむのもいいと思います。

　美術作品を鑑賞するだけでなく、歴史や文化を知れば、もっとハワイのことが好きになるはずです。例えば、歴史、自然、文化などのすべてがわかるのが『ビショップ博物館』(P48)。ハワイアンのルーツといわれているポリネシア人はどこからやってきてハワイに根付いたのかを紹介し、ハワイ王朝の貴重なお宝を展示。子どもの学習向けと思われる自然体施設も、大人が夢中になる楽しさです。

　ハワイ王朝のドラマチックな歴史を知るなら、ダウンタウンの『イオラニ宮殿』(P46)へ。日本の皇室とのかかわりも少なからずある王朝の栄枯盛衰は、まるで歴史ドラマを見ているよう。ビーチリゾートとしての魅力が先行するハワイですが、その歴史や文化の奥深さは想像以上。すべての大陸から切り離され、太平洋にぽっかりと浮かぶハワイが、特別な島であることを実感します。

ひとりの女性が生涯をかけた
ハワイで最も美しい美術遺産
シャングリラ

館内の細部から、ドリスのこだわりが感じられる。

　ダイヤモンドヘッドの麓からカハラ側に続く海岸線は、ホノルルのなかでも特に高級住宅街として知られる場所。その一角にある『シャングリラ』は、アメリカの大富豪、ドリス・デュークの私邸だったもの。現在は曜日と人数を限定して一般公開され、『ホノルル美術館』(P44)からのツアーでのみ訪れることができます。

　タバコ王の娘として生まれ、わずか12歳で莫大な遺産を相続したドリス。1935年、22歳で結婚し、10カ月をかけた世界一周のハネムーンの途中に訪れたハワイを気に入り、5エーカー（約6000坪）もの土地を購入。同じく旅行中に訪れた中東各地のイスラム芸術に興味を抱き、自分だけの理想郷をここハワイに作ることにしました。

リビングとして使われていた部屋。美術館というより、大富豪の邸宅に招かれた気分になれる。

大理石の透かし彫りがあるドアは、海風と光を取り入れるためのもの。

インドのタージ・マハルに薫陶を受けたといわれる邸宅は、壁のタイルを現地に発注したり、シリアの歴史的建造物の一部を移築したり、なかにはニューヨークのメトロポリタン美術館と競り合って落札したものも。邸

ダイヤモンドヘッドをワイキキの反対側から一望。ドリスはここから眺める景色を気に入って、土地の購入を決めた。

内には約4000点もの美術品とともにドリスが愛用した装飾品が展示されています。プライベートな邸宅だっただけに、彼女の情熱や生き方みたいなものが伝わってきて、美術館とは違う熱さを感じます。イスラムの地では紛争により焼失した美術品は多く、世界中でここにしか残っていない貴重なものも少なくないそう。生涯をかけて作り上げた邸宅とコレクションを美術館として後世に伝えるため、晩年のドリ

スポーツ万能だったドリスはデューク・カハナモクとも親交があり、この海で一緒にサーフィンを楽しんでいたそう。

スは尽力したといいます。

ひょっとしたら、大富豪の道楽と揶揄されたことがあったのかもしれません。しかし、彼女の審美眼とエネルギーがあったからこそ、中東から遠く離れたハワイで、もしかしたら世界一美しいかもしれないイスラム美術を鑑賞できることは間違いありません。

Shangri La
シャングリラ

[カハラ] MAP: P139 エリア⑤
4055 Papu Cir., Honolulu
TEL 808-734-1941
水〜土曜9:00 〜 13:30
入館料：25ドル
※9・12・3・6月の第1木曜10:00より
WEBでチケット販売開始（ハワイ時間）
honolulumuseum.org/shangri-la

直接、訪問しても入れません。チケット発売開始と同時に予約を！

世界の名画をギュッと凝縮。
月1回のナイトイベントも楽しみ
ホノルル美術館

ゆっくり鑑賞して所要2時間ほど。中庭を取り囲むように展示室があり、国別、年代別にコンパクトにまとまっている。

　ピカソやモネ、ゴッホやゴーギャンなど、名だたる画家の名画をハワイで鑑賞できることは、意外に知られていません。ダウンタウンに近い『ホノルル美術館』は1927年、宣教師の娘で美術品コレクターだったアナ・ライス・クックが設立したハワイで最初の美術館。印象派とポスト印象派の作品を中心に、西洋と東洋、ハワイの美術品など5万点以上を所蔵しています。約1万点の浮世絵コレクションでも知られ、シカゴ美術館、ボストン美術館に次いで全米第3位、さらに歌川広重作品のコレクションでは世界一を誇ります。

　美術館の建物は、もともとクックファミリーの邸宅だったもので、ハワイ州の歴史的建造物に指定されています。地中海風の白い壁にブルーが映えるイスラム風のタイル、アイアンワークの装飾や、日本の瓦屋根を思わせる勾配屋根もあり、洋の東西が混ざり合った建築物と中庭も見ごたえたっぷり。

中庭のあちこちに水が配されていて、暑い日でもほっとくつろげる。

Step 3 Museum & Historical Spot

この美術館がいいのは、世界の名画がコンパクトにまとまったほどよい広さであること。半日あれば隅から隅までじっくり鑑賞できるから、パリのルーブルやロシアのエルミタージュのように、館内で迷子になったり、へとへとに疲れることがありません。鑑賞の合間に回廊や中庭に置かれたベンチに腰かけてひと休みするのも気持ちよく、時間を忘れて過ごしてしまいそう。

モネの『睡蓮』。写真撮影だって、自由にできます！

ミュージアムカフェでは、地元食材を使ったヘルシーメニューが人気。毎週金曜日の夜は、『HoMAナイツ』というナイトイベントが催されます。ドレスアップしたロコが集まり、テーマに合わせたフードの提供やライブも催されるので、日程が合えばぜひ訪れてみてください。

ワイキキのクヒオ・アヴェニューからは、2番のザ・バスが便利。美術館の目の前にバス停があります。

ハワイの食材を使ったメニューのほか、アルコールも味わえる。

The Honolulu Museum of Art (HoMA)
ホノルル美術館

［ダウンタウン］MAP: P139 エリア④
900 S. Beretania St,. Honolulu
TEL 808-532-8700
10:00 〜 18:00（金曜〜 21:00）、
カフェ 11:00 〜 15:00（金曜のみ17:00 〜
20:30も営業）　月・火曜休
入館料：25ドル
honolulumuseum.org

ミュージアムカフェのランチを兼ねて訪れるのがおすすめ。

45

天に昇るようにも見えるコアウッド（ハワイ固有の樹木）の大階段が存在感を放つ。

現存するアメリカ唯一の王宮で
オールドハワイへタイムスリップ
イオラニ宮殿

▶ ▶ ▶ ▶

　ダウンタウンの一角。金色のマントを羽織り、右手を差し出したカメハメハ大王像の向かい側に、ハワイ王朝の紋章を掲げた門扉があります。パームツリーが両側に続くアプローチの先にあるのは1882年、ハワイ王国7代目の君主、カラカウア王の命によって建てられた『イオラニ宮殿』です。

　館内でまず目を奪われるのが、大広間の吹き抜けの大階段。玉座の間は、公式行事や各国代表との謁見の場であり、夜ごと華やかな舞踏会が繰り広げられた場所。きらびやかな食器が並ぶ正餐の間、プライベートな音楽会を催した黄金の間など、当時の王国がどれだけの勢力を誇ったのかが伝わってきます。

深紅のじゅうたんと黄金の飾りがひときわ豪華な玉座の間は、各国要人との謁見や舞踏会の会場に。

　王は執務室に電話を引いたり、水洗トイレの設備を取り入れたり、パリの万国博覧会で出会ったエジソン発明の電灯も灯しました。当時、英国のバッキンガム宮殿にも、アメリカのホワイトハウスにもなかった設備を取り入れ、時代の最先端を行く宮殿からは、"メリー・モナーク（陽気な王様）"の愛称で親しまれていた王が、いかに新し

電話、電灯など、当時の最新設備を備えていたカラカウア王の執務室。

Step 3 Museum & Historical Spot

フランス製の食器やボヘミアングラスが並ぶダイニングルーム。

いもの好きだったかがよくわかります。

　しかし、その栄華は長くは続きませんでした。宮殿が完成してからわずか11年後の1893年、クーデターによりハワイ王国は消滅。後継だったリリウオカラニ女王は退位を余儀なくされ、宮殿内に幽閉されてしまいました。その部屋も再現され、簡素なベッドと衣装箪笥が置かれた空間に、幽閉中に侍女とともに作ったキルトが展示されています。あまりにも大きな落差が、権力の虚しさを表しているようです。

　王国時代にタイムスリップした感覚を味わった後、少しゆがみのあるガラス窓からダウンタウンの景色を眺めると、過去と現代を行き来しているような、不思議な感覚に陥ります。

敷地内には自由に入れるので、散策にもぴったり。

Iolani Palace
イオラニ宮殿

［ダウンタウン］MAP: P139 エリア④
364 S. King St., Honolulu
TEL 808-522-0822
9:00 ～ 16:00
※ガイドツアーは水・木曜の9:30～14:30の間、30分おきにスタート
（不規則のため、事前予約が確実）
入館料：32.95ドル　日・月曜休
www.iolanipalace.org

{ 日本語のがイドツアーでじっくり観賞を。

47

ハワイアンのルーツを知る博物館では
無料プログラムをチェック！

ビショップ博物館

▶ ▶ ▶ ▶ ▶

溶岩が冷えて固まった玄武岩を積み上げて建てられた本館。

ポリネシアの島々からカヌーに乗って人々がハワイへやってくる前の先史時代から、ハワイ王国時代までの歴史的なお宝、自然に関する資料などの所蔵品は2500万点以上。世界的にも高い評価を受けている博物館です。

ハワイアンにゆかりの深い植物が植えられたハワイアン・ガーデン。白いハイビスカスをはじめとした固有種も育てられている。

ハワイと太平洋諸島全域の自然と歴史的資料を保存するために設立された…と聞くと堅苦しいイメージがあるかもしれませんが、設立の経緯を知ると感動します。カメハメハ王家最後の直系であったパウアヒ王女が亡くなった後、王家の所蔵品をハワイアンの教育のために役立てたいという王女の意思を継ぎ、夫のチャールズ・リード・ビショップが設立したというもの。美しく聡明であった王女は、アメリカ人ビジネスマンのビショップ氏と恋に落ちて、わずか

天井から実物大のクジラの標本が架かるハワイアンホール。世界に3体しか残っていない神像も展示されている。

Step 3 Museum & Historical Spot

18歳で結婚したのだそう。ハワイの博物館なのに、アメリカ人の名前が付いている理由がわかるでしょう。

いちばんの見どころは、玄武岩に覆われた本館内のハワイアンホール。3階分の高さがある吹き抜けを取り囲むように展示室があり、先史時代からハワイ王朝の時代まで、1階から年代を追って紹介されています。なかでも3階の王族のコーナーに展示された、カメハメハ大王の羽毛のマントは必見。

ハワイの火山を巨大な模型で再現したサイエンス・アドベンチャーセンター、ハワイの夜空を紹介するプラネタリウムは、お子さま向けかと思って入ってみたら、大人も興奮するくらいに楽しい。

ハワイの火山の模型も。上からも眺められて、なかなか楽しい。

無料の日本語館内ツアー、有料のフラレッスン、クラフト体験がセットになったプランなどプログラムも盛りだくさん。毎月第2金曜日のナイトイベントでは、レイ作りやヘナタトゥーの無料体験ができることも。何度訪れても楽しく、新しい発見があるところです。

ハワイのカルチャーを体験できるプログラムが豊富。

Bishop Museum
ビショップ博物館

[カリヒ] MAP: P139 エリア④
1525 Bernice St., Honolulu
TEL 808-847-3511
9:00 〜 17:00 無休
入館料:33.95〜
(オンライン購入は28.95ドル〜)
www.bishopmuseum.org/日本語

ミュージアムカフェは、ローカルレストランの『ハイウェイ・イン』が出店(10:30〜15:30)。

宮殿を思わせる白い建物へと続くアプローチが素敵。建築物はアメリカの国家歴史登録財。

ホテル時代の面影を残す
ダウンタウンの癒しスポット

キャピトル・モダン

▶ ▶ ▶ ▶

　ダウンタウンでいちばん好きな場所です。ハワイ出身アーティストの作品を紹介するモダンアートの美術館は『ハワイ州立美術館』の名で親しまれていましたが2023年秋、現在の名称に変わりました。『イオラニ宮殿』(P46)の斜め向かい側にあり、ゲートから建物に向かうまでのアプローチがとても気持ちいいところ。さらに入館無料。開館中は自由に出入りでき、近くのカフェでテイクアウトしたコーヒーやプレートランチを、テラスや中庭で味わうこともできます。

　かつてここにあった『ザ・ハワイアン・ホテル』はハワイで最初に建てられたラグジュアリーホテルで、王家のゲストなどの賓客が滞在していました。そのホテルがワイキキに移転したのが、"ピンクパレス"こと『ロイヤルハワイアン』との説も。跡地に1928年、フィレンツェにある宮殿を模した現在の建物が建築されました。

　ここは敷地と建物全体がひとつのアートとなっているのが特徴。展示室は1階と2階。常設展示はそれほど多くありませんが、バルコニーからダウンタウンの町並みを眺めたり、中庭を取り囲む回廊を巡り、お気に入りの場所を見つけてくつろぐのがおすすめ。不思議な仕掛けのある中庭のプールも美しく、平日はとても静か。散策するだけで癒される場所です。

平日はほぼ貸切り状態。お気に入りの場所を見つけて過ごしたい。

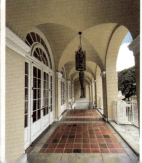

中庭のプール。水は入っていないのだけど、水面がら揺らめいて見える仕掛けが。

一方、金曜日のナイトイベント開催時は、夜遊びを楽しむロコたちが集まって大盛り上がり。テーマは毎回変わり、先日は、日本でも人気のアイドルグループのライブが催されていました。

中庭のプールを見渡せるカフェスペースには、ダウンタウンの人気店や有名シェフのレストランが出店していたことがあるのですが、現在はクローズ中。美味しいコーヒーやヘルシーなプレートランチを提供してくれるカフェがオープンしてくれないかな、と心待ちにしています。

週末のナイトイベント開催時は、こんなに賑やかに。

Capitol Modern
キャピトル・モダン（旧・ハワイ州立美術館）

［ダウンタウン］MAP: P139 エリア④
250 S. Hotel St., Honolulu
TEL 808-586-0900
10:00 〜 16:00　月曜休
入館無料
www.capitolmodern.org

第1・3金曜の夜はジャズイベントを開催。

涼やかな風が吹き抜ける
ハワイ王室の隠れ家
クイーン・エマ・サマーパレス

▶ ▶ ▶ ▶

家具やピアノ、実際に使われていた装飾品など、王家ゆかりの品が残る。

　コオラウ山脈の谷筋に当たるヌウアヌ渓谷は、王家の避暑地だった場所。ここは、カメハメハ大王の孫にあたるカメハメハ4世の妻、エマ王妃が過ごした宮殿。建物内にはコアの木で作られたテーブルやベッド、王妃の結婚祝いにイギリスのビクトリア女王から贈られたサイドボードなどが残されています。別荘暮らしの穏やかな日々がうかがえますが、王妃はひとり息子のアルバート王子をわずか4歳で亡くし、ほどなく夫にも先立たれています。小さなゆりかごや装飾品は王子の想い出の品々と聞き、ギュッと胸が締めつけられました。

幼くして亡くなった王子の想い出が詰まった寝室。

　その気持ちをほぐしてくれたのが、ホールで催されていたハワイアンキルトのワークショップ。ロコの女性たちが制作中のキルトを手に、ちくちくと針を動かしていました。おやつや飲み物を持ち寄り、午前中のひとときをおしゃべりとともに過ごすのだとか。その輪に加わってみるのも楽しそう。メールか電話で予約すれば、日本語のガイドツアーのリクエストができます（ガイドの都合により実施不可の日あり）。

Queen Emma Summer Palace
クイーン・エマ・サマーパレス

［ヌウアヌ］MAP: P139 エリア⑤
2913 Pali Hwy., Honolulu
TEL 808-595-3167
10:00 ～ 15:30　日・月・火曜休
入館料：セルフツアー 14ドル、
ガイドツアー 20ドル、
daughtersofhawaii.org/queen-emma-summer-palace

週に1回、
フラやウクレレの
レッスンを開催。

Step3 Museum & Historical Spot

ファーストレディーの歴史が刻まれた
ホテル内の穴場スポット

ヒストリカル・ルーム

▶ ▶ ▶ ▶

"ワイキキのファーストレディー"の名で親しまれている『モアナサーフライダー、ウェスティン・リゾート＆スパ』は、1901年に創業した現存するワイキキ最古のホテル。現在ではウエ

ヒストリカル・ルームへ上がる階段に、古い時代の写真を展示。

ディングのカップルに人気が高いホテルとして知られています。創業当時、客船でハワイを訪れた旅人たちは、ホノルル港から乗合馬車を利用してここまでやってきたのだそうです。

その当時の写真やパンフレット、レストランのメニューや実際に使われていた銀食器が展示されているのが、2階のヒストリカル・ルーム。

入場料は必要なく、いつでも自由に見学できます。窓からはホテルのシンボルでもある樹齢100年を超えるバニヤンツリーを眺められ、かつてこのホテルに滞在した貴婦人たちは、精霊が宿るといわれる大樹の木陰でアフタヌーンティーを楽しんだのだとか。そんな時代に思いを巡らせながら、ひとり時間を過ごしてみてはいかがでしょうか。

中庭のバニヤンツリーを眺められる静かな空間。

Historical Room
ヒストリカル・ルーム

[ワイキキ中心部] MAP: P139 エリア①
2365 Kalakaua Ave., Honolulu
モアナサーフライダー、
ウェスティン・リゾート＆スパ2階
TEL 808-922-3111
終日公開　入館無料
www.marriott.com/ja/hotels/hnlwi-moana-surfider-a-westin-resort-and-spa-waikiki-beach/overview

宿泊ゲスト対象に
無料のヒストリック
ツアーを実施。

53

Step 4
Activity & Challenge

ハワイならではの自然体験から
タダで楽しむショー＆町歩きまで

公園やショッピングセンターは
無料アクティビティの宝庫！

ハワイのアクティビティには、水着がマストと思っていませんか。もちろん、世界中のツーリストが憧れるビーチで過ごすのは、最高の贅沢。でも、それだけじゃないんです。

物価高といわれるハワイで意外に豊富なのが、無料で楽しめるアクティビティ。ワイキキのランドマーク、『ロイヤル・ハワイアンセンター』では、フラレッスン、ウクレレ、レイメイキング、ロミロミなど、ぼほ毎日、何かしらのハワイアンカルチャー体験ができます。『ワイキキ・ビーチウォーク』でも週1回、早朝のフラレッスンと夕刻のウクレレレッスンを開催。ショッピングセンターではステージショーもいろいろ催されているので、スケジュールをチェックして巡るだけで、ハワイアンカルチャーをほぼ制覇できるかも。

サーフィンやSUPは、グループよりプライベートレッスンのほうが絶対、上達します。割高ではあるけれど、早くうまくなった方が結果的にはお得ですよね。ディナークルーズに乗らなくてもショートクルーズや、おひとり参加で十分楽しめるツアーも豊富。同行者がいないほうが満喫できる場合も多いのです。

ハワイの自然環境でしか育たないカカオから作られたチョコレートを味わったり、ここでは紹介できませんでしたが、フルーツ食べ放題のファームツアーも。ツアー情報は、ショッピングセンターや街頭のボックスにあるフリーペーパーでチェック。割引クーポンが付いていることもあるので、どんどん活用しましょう。

ダイヤモンドヘッドに
　虹をつかみに行く！
ダイヤモンドヘッド

山頂まではゆっくり上っても30分ほど。
真っ暗な階段を一直線に上るルートと、
う回路があるのでお好みで。

「ハワイに着いた！」と実感するのが、ダニエル・K・イノウエ国際空港（ホノルル空港）の到着ロビーへと続く通路の窓から、小さくダイヤモンドヘッドが見えた瞬間。30万年前の火山噴火で出現したといわれているダイヤモンドヘッドの標高は232m。低山のわりにクレーターの直径が約1kmもあるのは、海面に接したマグマが激しい水蒸気噴火を起こし、山頂を吹き飛ばしたからなのだそうです。

　ハワイの象徴でもあるダイヤモンドヘッドに登るなら、早朝に限ります。涼しいこともあるけれど、ワイキキビーチ方面に架かる虹を見ることができる可能性が高いから。冬場は山頂でご来光を望めることもありますが、開園とほぼ同時に登り始めるための足の確保と、懐中電灯かヘッドライトが必携。いろいろ考えると、ソロ旅ではサンライズ後の虹を期待して登るほうが楽しめる要素も多いのです。

　山頂で大きな虹に出合ったのは3月上旬。朝7時くらいに登山口を

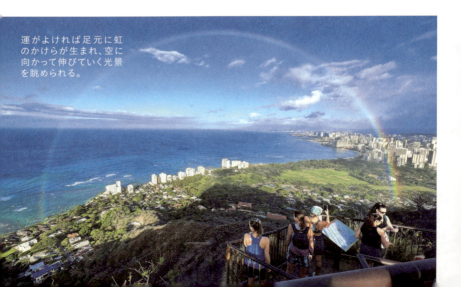

運がよければ足元に虹
のかけらが生まれ、空に
向かって伸びていく光景
を眺められる。

スタートし、山頂へのう回路の階段から、カピオラニ公園あたりにうっすらと出現した虹色の塊がぐんぐんと伸びてきて空を覆う、虹が生まれる瞬間に立ち合うことができました。この日の空模様はとても気まぐれ。背後

背後のカハラ方面から雨柱が追いかけてくる光景も、どこか神々しい。

から何度も雨雲が迫ってきて、シャワーのような雨が注ぐといったん虹が消えるものの、晴れ間が出るとまた虹が生まれる…。それが何度も繰り返されます。多くの人は山頂にとどまる時間は長くないのですが、ひとりで1時間以上も見入ってしまいました。

現在のダイヤモンドヘッド入園はネットからの予約制。希望日と時間帯を選べ、定員に空きがあれば直前で日時の変更も可能。"Rainbow State（虹の州）"のニックネームをもつハワイで、ダイヤモンドヘッド山頂から眺める虹は、特別な思い出になるに違いありません。

ダイヤモンドヘッド灯台。冬なら沖にクジラの姿が見えることも。

Diamond Head
ダイヤモンドヘッド

［ワイキキ広域］MAP: P139 エリア②
Diamond Head State Monument, Honolulu
6:00～16:00（最終入園）
12/25・1/1休
入園料：5ドル、パーキング10ドル
gostateparks.hawaii.gov/diamondhead

ネット予約は30日前から。
日焼け止め、サングラス、
ドリンクが必携。

57

ハワイ産100%のハチミツで造る
人類最古のお酒

マノア・ハニー&ミード

2014年からハワイで養蜂に取り組んでいるユキさん。念願のミードが完成したのは、2020年のこと。

　最近、日本でも醸造家が増えているミードとは、ハチミツが原料の醸造酒のこと。ワインが誕生するよりずっと前の1万4000年以上前から飲まれているらしく、"人類最古のお酒"と呼ばれています。

　養蜂家でもありハワイで唯一、ミードを醸造しているユキさんのもとを初めて訪ねたのは2018年。ファーマーズマーケットで購入したハチミツが好みの味だったことがきっかけです。その時、試作中だったミードを試飲させてもらい、完成したら必ず再訪したいと思っていて、その望みがようやく叶ったのでした。

「ハワイのハチミツには、日本のものにはない独特のコクと甘みがあります」とユキさん。ハチミツを採取するのはワイアナエ、ノースショア、ダイヤモンドヘッドなどオアフ島全域。花の種類や季節、採れる場所によってハチミツの風味が変わり、ミードの味わいにも変化が生まれます。ミードの醸造そのものは難しくないそうですが、ユキさんいわく、「甘いだけの、のっぺらぼうな味になりやすく、美味しい

アルコール度数も味わいも異なる6種類を飲み比べ。組み合わせはその時期によって変わり、気に入ったミードはショップで購入できる。

Step 4 Activity & Challenge

お酒を造るのは難しい」とのこと。醸造方法を試行錯誤し、パイナップル、リリコイなどハワイ産のフルーツを加えることで、ようやく理想の味に近づいたのだそうです。

　ここでは6種類のミードの飲み比べができます。テイスティングのあと、私はドライでシュワッとした飲み口の『Ginger Honey Hopper』と、食後酒用にラベルデザインが気に入った『SLEE・PING・POTION』を購入。

材料や味の特徴について、スタッフが丁寧に説明してくれる。

　醸造所があるのは、オアフ島のほぼまん中のワヒアワ。今のところ送迎付きのツアーはなく、ザ・バスで行くのはちょっと不便な場所なうえ、お酒を飲むわけだからレンタカーを使うわけにはいかないのが悩ましいところ。商品はホールフーズやフードランド内のワインショップなどで購入できます。また、ワイキキの『アイランド・ヴィンテージ・ワインバー』(P100)、カカアコの『モク・キッチン』など人気レストランのメニューにもあるので、まずはお味見してみてはいかがでしょう。

ハチミツとミードを購入できるショップが併設された中庭でテイスティング。

Manoa Honey & Mead
マノア・ハニー&ミード

[ワヒアワ]　MAP: P138 エリア⑧
930 Palm Place, Wahiawa
TEL 808-493-9081
水・木曜10:00 〜 16:00、
金〜日曜11:00 〜 18:00　月・火曜休
※テイスティングは金〜日曜のみ実施
　20ドル〜
ja.manoahoney.com

毎月第1・3土曜日にサタデー・ファーマーズマーケット KCCでハチミツを販売。

カカオの実。中に白い果肉に包まれたカカオ豆が入っている。

希少なハワイ産カカオで作るチョコレート

マノア・チョコレート

　お土産の定番でもあるチョコレート。原料のカカオ豆の多くが、エクアドルなどの南米産です。コーヒー同様、ハワイはアメリカで唯一カカオが育つ環境。生産量が少ないため、そのカカオ豆から作るチョコレートは、とても希少なものになっています。

　ハワイ産カカオ豆を原料に、チョコレートを作っているファクトリーがカイルアにあります。ショップとカウンターバーを併設し、チョコレートができるまでの工程の紹介やテイスティング、ワインとのペアリングを楽しめるセミナーも開催しています。

　チョコレートの種類は約20種類。ハワイ産カカオで作ったシングルオリジンのチョコレートを食べ比べると、明らかにフレーバーが異なることがわかります。ほかにも、マンゴーやリリコイといったフルーツのフレーバー、マウイ島クラのラベンダー、オアフ産のラム酒・

テイスティングルームで開かれるチョコレートとワインのペアリング体験は予約制。

コハナラム、ヤギのミルク入りや、ヴィーガンチョコレートも。これらを試食した後、お気に入りを選べます。1枚10〜20ドルのチョコレートはかなり高価な印象ですが、カカオの希少性と手作りの工程を考えると納得できるでしょう。

チョコレートのテイスティングとともに、アルコールも味わえる。夜のライブを楽しみにやってくるロコも。

　予約なしでチョコレートのテイスティングができるのは10〜17時。そのほか、ワインとのペアリング体験、ファクトリーツアーなどのプログラムも。夕方以降、店内はバー仕様になり、ビール、ワイン、カクテルとともに生ハムやチーズなどのおつまみを提供。ロコのミュージシャンによる日替わりのライブも楽しめます。

　マノアというと、ホノルル郊外のマノア滝があるあたりを思い浮かべますが、ファクトリーがあるのはカイルア。人気レストラン『シナモンズ』と同じブロックです。ハワイ語の"Manoa"には"深い、広大な"という意味があり、ハワイの豊かな自然を表す言葉としても使われるのだそう。間違ってマノア方面に行ってしまわないよう、気をつけてくださいね。

Manoa Chocolate
マノア・チョコレート

[カイルア] MAP: P139 エリア⑥
333 Uluniu St., Kailua
TEL 808-263-6292
チョコレート・テイスティングルーム10:00〜17:00（金〜日曜は9:00〜）、ワインバー 17:00〜21:00（日曜は9:00〜17:00）　無休
料金：シップ＆ペアー ワイン＆チョコレート体験（水〜土曜17:30〜18:30）35ドル、要予約
manoachocolate.com

毎週金曜日14時からカカオの焙煎室とファクトリーを見学できる日本語ツアーあり（25ドル、要予約）。

オアフ島のリワードコーストへ
野生のイルカに会いに行こう！
ドルフィン＆ユー

船上ではおしゃべりやフラでも
楽しませてくれるスタッフたち。

クルーズ船内にはコーヒー、
コーラ、アルコールなどを用
意し、トイレも完備。

　リワードコーストとも呼ばれるオアフ島の西海岸は、晴れた日が多いことで知られるエリア。ワイキキから車で約1時間の場所にあるワイアナエハーバーを出港し、野生のイルカを見に行くのがこのツアーです。
　まず、海に迫るワイアナエ山脈のダイナミックな光景とともに、海の色の青さと透明度の高さに驚かされます。港を出てしばらくして、キャプテンから900m先のあたりにイルカの群れがいるとの一報が。急いでシュノーケルを付けて海に入ると、細長いくちばしが特徴のハシナガイルカが3頭ほど、私たちのボート下を悠々と横切っていくのが見えました。
　ポイントを変えるために再び船に乗り込むと、今度は数10m先の海面のあちこちでイルカがジャンプ！　背中に斑点のような模様があることからマダライルカと呼ばれる種類で、遊び好きなうえ群れで行

左／船の最上部から海に滑り降りるスリ
リングなスライダーも楽しみ。
右／船に並走するイルカの群れ。力強さ
とスピード感あふれる泳ぎは、野生のイル
カならでは。

Step 4 Activity & Challenge

動することが多いのだとか。私たちの船に3頭が並走し、さらに船尾の波と戯れるように数頭が追いかけてきます。ものすごいスピードで疾走する姿と、ダイナミックなジャンプからは、野生のイルカの力強さが伝わってくるよう。

しばらく船上でその興奮を味わった後、波が穏やかな海岸近くへ移動。黄金色の砂浜が続くマクアビーチと、古代ハワイアンから聖なる場所として崇められているカエナ岬が見える沖合で1時間ほどシュノーケルやカヤック、SUPなど、思い思いのアクティビティを楽しみました。

ターキー、ビーフ、ベジタリアンから選べるランチのサンドイッチ。

イルカとの遭遇率は80～90%。出航早々に群れを発見できたこの日は、かなりラッキーだったとのこと。シュノーケルでは熱帯の魚とともにホヌ（ウミガメ）や、冬場は船上からクジラの姿を眺められることも多いと聞きました。手つかずの自然が残るリワードコーストで野生のイルカやホヌと出会う体験は、ワイキキ周辺では味わえない感動を与えてくれます。

上／インスタ用の撮影スポットがあるワイキキのオフィス。
下／お土産ショッピングに便利なショップを併設。

Dolphins and You
ドルフィン&ユー

[ワイキキ中心部] & [ワイアナエ]
MAP: P139 エリア① & P138 エリア⑨
307 Lewers St., #401, Honolulu
TEL 808-696-4414（8:00～18:30）
ワイアナエハーバー出航8:00～と
12:00～の1日2便　無休
料金：189ドル
（ワイキキからの送迎、ランチ、シュノーケル付き）
www.dolphinsandyou.com/ja

ツアー参加者は、ワイキキからダイヤモンドヘッドやカカアコ方面への専用トロリーが乗り放題！

海の守り神・ホヌに出会える
天国のようなサンドバー

天国の海® カネオヘサンドバー

ウミガメの生息地として知られ、エイが現れることもあるそう。

　オアフ島の北東のカネオヘ湾に、引き潮のときだけ現れるサンドバー（砂州）があります。フラの女神ラカが火の女神ペレにフラを捧げたことから、ハワイアンにとってはとても神聖な場所。エメラルドグリーンの海に縁どられ、淡い水色に見える様子が神秘的な美しさであることから、"天国の海"とも呼ばれているところです。

　海の深さはくるぶしから腰のあたり。ここでサンドバーの上を自由に歩き回ったり、リーフでシュノーケリングを楽しめるのがこのツアー。

　かつてここで特別なことがありました。シュノーケルでサンゴ礁の合間を泳ぐ熱帯魚に夢中になっていて、ふと顔をあげたら目の前に1匹のホヌ（ウミガメ）が近付いてきて、おでことおでこがタッチ！　しばらく私の周りを悠々と泳いでいたホヌは、やがてサンゴ礁の深いところへと離れていきました。ちょうど母を亡くした直後で、その最期に会えなかった私は、「きっと母が最後のお別れに来てくれたのだ」と今でも信じています。

乗船時間片道10～15分。足が着く浅瀬だから泳げなくてもOK。

Tengoku no Umi Kaneohe Sandbar
天国の海® カネオヘサンドバー

［カネオヘ］MAP: P139 エリア⑦
TEL 808-922-2343（キャプテンブルース）
カネオヘ港出航9:00、12:15の2便
（所要時間約3時間 季節によって変動あり）
日曜休
料金：159ドル（ワイキキからの送迎付き）
cptbruce.com/jp

干満の差が大きくなる、満月と新月あたりがおすすめ！

ワイキキ沖までちょこっと出掛ける
お手軽クルーズ
ホロカイ・カタマラン

海の上からワイキキビーチを一望。
ネット上のスペースが人気。

　ワイキキビーチに停泊しているカタマランとは、2隻の小舟を並べた形のヨットのこと。波の抵抗が軽減されるため横揺れが少なく、小回りが利きスピードが出るのが特徴です。そのカタマランでワイキキ沖まで出掛けるショートクルーズは、船酔いが心配な人にもおすすめ。繁忙期でなければ予約なしで乗船できることも多いので、お天気と気分次第で乗り込むのもいいでしょう。
『アウトリガー・リーフ・ワイキキ・リゾート』前から出航するのが、この『ホロカイ・カタマラン』。一番手軽な『トレードウインド・セイル』はワイキキビーチを出航し、ダイヤモンドヘッド沖、高級住宅街があるカハラ沖のブラックポイントあたりまでのクルーズ。運がよければイルカの群れに遭遇したり、冬場なら沖にクジラを見つけることもできます。波しぶきを浴びるネットの上が特等席。ワイキキビーチからはほかにも何艘かのカタマランが出航していて、小さな船ほどスリリングな体験ができますよ。

ダイヤモンドヘッドの全景。カハラ側に回り込むとまた違う姿を見せてくれる。

Holokai Catamaran
ホロカイ・カタマラン

［ワイキキ中心部］MAP: P139 エリア①
2169 Kalia Rd., Honolulu
料金：トレードウインド・セイル50ドル、タートル・キャニオン・アドベンチャー・セイル95ドルほか
TEL 808-922-2210
8:00 〜 20:0（オフィス）　無休
www.sailholokai.com

金曜夜は、ヒルトンから上がる花火を眺められるクルーズあり。

打楽器とチャント（詠唱）だけで舞う古典フラのカヒコは、リズムと迫力が魅力。

伝説のフラショーが復活！
予約なし＆無料で楽しめる
キロハナ・フラショー

～～～

　2000年の初めごろまでにハワイを訪れていた人なら、カピオラニ公園で催されていた『コダック・フラショー』を覚えているでしょうか。60年以上にわたり愛されていたフライベントは2002年に惜しまれながら終了。その伝説のフラショーが2024年、22年ぶりに『キロハナ・フラショー』として復活し、ツーリストばかりか地元の人にも人気です。

　出演者の顔ぶれがすごくて、有名なハラウのクム、メリーモナークに出場経験があるダンサー、ハワイのベストルアウに選ばれたことがあるオールド・ラハイナ・ルアウのキャストも。そのうえMCはテレビでも人気の名司会者キモさんという豪華な内容です。力強いリズムで踊る古典フラのカ

最後に見学者も参加して賑やかなフラタイム。この後、記念撮影タイムあり。

ヒコ、現代フラのアウアナ、さらにハワイアンミュージックもたっぷり。正統派のフラを無料で、しかも予約なしで楽しめるのだから、一度は観てみる価値あり。朝のカピオラニ公園散歩に合わせ、出掛けてみてください。

　途中入場＆退出も問題なし。でも最後まで見学していると、出演者との記念撮影ができます。

Kilohana Hula Show
キロハナ・フラショー

［ワイキキ広域］MAP: P139 エリア②
2801 Monsarrat Ave., Honolulu
カピオラニ公園内のトム・モファット・ワイキキ・シェル
日～水曜 9:30 ～ 10:30
木～土曜休　料金：無料
experiencekilohana.com

日陰がないので帽子と日焼け止め、サングラスを忘れずに。

マカハの海を一望する邸宅で
ハワイの料理教室体験

カーサ・デラ・ドルチェ・ヴィータの料理教室

ハワイの伝統料理のラウラウ。

　各国の料理教室巡りがマイブーム。これまで、カナダのオタワ、タイのチェンマイ、ラオスのルアンパバーン、スペインのバルセロナなどで地元の料理教室を探し、体験してきました。そのきっかけとなったのが、オアフ島西海岸のマカハでチエミさんが開催している料理教室。元シェフである夫のフランキーさんとともに、伝統的なハワイ料理のほか、その季節に合わせた日本の行事食などを一緒に作って食べる、ホームパーティーのようにアットホームで、とても楽しかったからです。
　チエミさん夫妻が暮らすのは、海を一望する高台にある白亜の豪邸。プロ仕様のキッチンで作った料理は、ダイニングや、天気がいい日には庭のテーブルでいただきます。ワイキキからマカハまで車で1時間近くかかりますが、うれしいことに送迎付き。途中のファームで収穫体験をしたり、スーパーや西海岸の観光スポットにも案内してもらえます。ワイキキ近郊で開催するもう少し手軽な半日コースもあり、こちらではファーマーズマーケットなどに立ち寄ります。

元シェフのフランキーさんがこだわって作ったキッチンで料理体験。

**Cooking Class
at Casa Della Dolce Vita**
カーサ・デラ・ドルチェ・ヴィータの料理教室

※開催はリクエストにより随時
・マカハレッスン：120ドル（約8時間）
・ワイキキレッスン：75ドル（約4時間）
以下のサイトから問い合わせを。
casadelladolcevita@gmail.com

ホームステイ用のお部屋もあり、滞在すればハワイで暮らすような体験ができる。

何度も訪れたくなる
カフェとグルメの町

オアフ島のスモールタウン **カイムキ**

　ぐるっと歩いて回れるくらいの小さな町が好きです。ダイヤモンドヘッドの北側に位置するカイムキは、静かな住宅街。『ホールフーズ・マーケット』があるカハラモールへはバスで1本で行け、土曜日の『サタデー・ファーマーズマーケット KCC』（P136）へもお散歩がてら、歩いて行ける距

高い建物が少なく、海に向かって伸びる坂道が気持ちいい町。

離。アラモアナ、ダウンタウンへもザ・バスを利用すれば20〜30分と、便利なことこの上なし。

　また、メインストリートのワイアラエ・アヴェニューの両側には、古くからある中国料理店や和食店、エスニック、『ミロ・カイムキ』（P110）のようなファインダイニングからカジュアルレストランまで、ほぼあらゆる種類の飲食店が並びます。コーヒー1杯で長居できるカフェや、セレクトショップも多く、センスがいい。ハワイ大学が近いせいか、学生や研究者風の人も多く見かけ、少しだけアカデミックな雰囲気も特徴です。

　そんな利便性のよさと雰囲気もさることながら、この町が好きな理由は、可愛らしい建物と気持ちいい坂道が多

最近、増えているのがカラフルなテーブルと椅子が置かれたフリースペース。テイクアウトした料理やコーヒーを味わうのに利用できる。

ステンドグラスが美しい『エピファニー・エピスコパル教会』(左)と、『カイムキ消防署』。

いから。ステンドグラスが美しい石積みの教会、オレンジ色の屋根の消防署、またコロニアル風の古い家にどんな人が暮らしているのか想像しながら歩くのも楽しいものです。

　よく利用しているのが、お酒とグルメフードの専門店で自家製ポケが評判の『タムラズ』。ポットラックパーティー(食べ物を持ち寄るパーティー)に誘われたときには、この店のポケとガーリック枝豆、ワインを1本選んで持参すれば、喜ばれること間違いなし。

　カハラの海に飛び込むように下っていく通りや、山側の急斜面に広がる住宅地を縫って一直線に延びる坂道の散策もおすすめ。『レナーズ』、『レインボウ・ドライブイン』があるカパフル通りと合わせれば、町歩きで1日楽しめます。

ダイヤモンドヘッドの形が違って見えるのが新鮮。

Kaimuki
カイムキ

[ワイキキ広域] MAP: P139 エリア②
【アクセス】
ワイキキのKuhio Ave.からザ・バス13番に乗り、Kapiolani Blvd.とWaialae Ave.の交差点で下車。向かいにあるバス停で1・9番に乗り換え、9th Ave.あたりで下車、所要約30分。

高台にあるので、行きはザ・バスで、帰りはbikiで一気に下ってくるとラク。

69

ハワイの歴史が刻まれた
建築物を訪ね歩く

オアフ島のスモールタウン **ダウンタウン**

～～～～

　ハワイの政治、経済の中心がダウンタウン。『ハワイ州庁舎』のようにモダンな建物もあれば、ハワイ統一を果たしたカメハメハ大王の像、王朝時代の栄枯盛衰の歴史を物語る『イオラニ宮殿』（P46）、美術館や教会も多いエリアです。

　歴史的建造物を効率よく見て回れるのが、州庁舎前からスタートし、イオラニ宮殿、モダンアートを紹介する州立美術館『キャピトル・モダン』（P50）、『ハワイ州立図書館』（P132）を巡るルート。また、ステンドグラスが美しい『セント・アンドリュース大聖堂』は、ミサや結婚式が行われているとき以外は、内部を自由に見学できます。

　ゆっくりランチを味わうなら、キャピトル・モダンの並びにあるYWCAビル内の『カフェ・ジュリア』へ。高い天井と鉄製の格子窓が付いたクラシックな雰囲気の店内で、サンドイッチ、パスタなどを味わえます。建物の内部も見学でき、プールを囲むようにある回廊を巡っていると、時間が止まったような不思議な気分になりますよ。

"太平洋のカーネギーホール"と称賛された『ハワイシアター』。ジェイク・シマブクロをはじめとした、ロコミュージシャンのライブは要チェック！

YWCAの中庭のプール。ここだけ、アジアのリゾートの小さなホテルのような雰囲気。

Step 4 Activity & Challenge

　ひとり歩きが不安なら、ツアーガイドのさゆりロバーツさんが主催する『ダウンタウン歴史街道ツアー』（www.hawaii-historic-tour.com/downtown）に参加してみてはいかがでしょう。所要1時間半で、ダウンタウンの見どころを案内し、ガイドブックにも載っていない穴場や、楽しみ方を教えてくれます。

　隣接するチャイナタウンにも、ぜひ足を延ばしてみたいもの。『ハワイ出雲大社』（P130）で御朱印をいただいた帰りに、ベトナム料理店でフォーを味わうのもいいでしょう。

　暗くなると治安が心配なダウンタウンエリアですが、毎月第1金曜日に催されるアートイベント『ファーストフライデー』は、普段は夕方で閉館するギャラリーや美術館が20時ごろまでオープン。ワークショップやライブミュージックのスポットを巡ってみるのもいいですよ。

涼しい風が吹き抜ける州庁舎のアトリウム。吹き抜けの天井は、カヌーをモチーフにしたもの。

Downtown
ダウンタウン

［ダウンタウン］MAP: P139 エリア④
【アクセス】
ワイキキのKuhio Ave.山側からザ・バスE・2・13・20・42番に乗り、S.Beretania St.のハワイ州庁舎前で下車。チャイナタウンを訪れるなら、その先のSmith St.で下車してもいい。

{ bikiスポットがたくさんあるので、自転車で巡るのも◎ }

ブランチ＆ショッピングも
楽しみなビーチタウン

オアフ島のスモールタウン **カイルア**

ハワイ語で"天国のような海"を
意味する『ラニカイビーチ』。

　おしゃれなビーチタウンとして、相変わらず人気のカイルア。ここは、ザ・バスで行って現地で自転車を借りるのが王道の過ごし方だったのですが、日本人経営で親切と評判だったショップは、残念ながら休業中（2024年8月現在）。ほかにもレンタル自転車の店があり、利用するなら断然、電動アシスト付きです。町の中心からカイルア・ビーチパークまでは約2km、ここから全米のベストビーチに選ばれたこともあるラニカイビーチまではさらに約1.5kmの距離です。

　カイルアには朝食やブランチが美味しいお店が多く、朝なるべく早いバスに乗って出掛けると、楽しみが増します。マカダミアナッツソースがたっぷりかかったパンケーキとオムレツが人気の『ブーツ＆キモズ』は移転し、マウイ島パイアの老舗レストラン『パイア・フィッシュ・マーケット』がオープンしています。アサイボウルや野菜をたっぷり挟んだサンドイッチ、サラダなどのヘルシーメニューが充実している『ナル・ヘルス・バー＆カフェ』はワイキキとワードにもありますが、カイルアが発祥。隣にあるセレクトショップ『ジリア』と合わせて訪れるのがいいでしょう。『オーバー・イージー』もブランチにおすすめの1軒。いつも混んでい

おしゃれなセレクトショップが並ぶから、お買い物熱が高まること間違いなし！

Step 4 Activity & Challenge

朝食とブランチが人気の『オーバー・イージー』は13時閉店。おひとりならキッチンを眺められるカウンター席へ。

　るけれど、スタッフが楽しそうに働く姿が印象的。こういうお店は間違いなく美味しいです。
　ハワイらしいアクセサリーを探すなら、『レイナイア』へ。デザイナーでオーナーのマキさんが一つひとつ手作りするピアスは、繊細なワイヤーワークが持ち味です。
　仕上げは、『ホールフーズ・マーケット』か、『ダウン・トゥ・アース』でお買いもの。ホノルルにもあるお店ですが、カイルア店のほうがゆったりしていて、ローカルの商品が充実しています。

Kailua
カイルア

[カイルア] MAP: P139 エリア⑥
【アクセス】
アラモアナセンターからザ・バス67番に乗りカイルアタウンまで、所要40〜50分。
ビーチまでは671番に乗り替えて7〜8分。

ラニカイビーチに
シャワー＆トイレはないので、
波打ち際で
水遊び程度に。

のんびりした雰囲気の『ノースショア・マーケットプレイス』。

オールドハワイを感じる町で
サーフカルチャーに触れる

オアフ島のスモールタウン　**ハレイワ**

　世界中のサーファーが憧れるノースショア。ワイキキから車で約1時間、ザ・バスなら1時間半以上かかることもあり、ひとりで出掛けるにはちょっと勇気がいる場所です。でも、アラモアナセンターからザ・バスで乗り換えなしで行けるうえ、町の端から端まで約2kmの通りの両側にショップが並ぶので、迷子になる心配はありません。

メインストリートのカメハメハ・ハイウェイにバス停が点在するから、わかりやすい。

　ハレイワタウンで私が必ず訪れるのが、『ノースショア・マーケットプレイス』。ここにある『パタゴニア』をチェックして、『コーヒー・ギャラリー』でコーヒーを飲んで、たまにメキシコ料理店『チョロズ』でフィッシュタコスを食べるというのが、お気に入りの過ごし方。ハレイワにも新しいショップがどんどん

ハレイワタウンから近いハレイワ・アリイ・ビーチパーク。

左／『レイズ』のフリフリチキンは、週末限定。右／ベンチで『マツモト・シェイブアイス』のかき氷を食べるのもお約束。

増えていますが、この一角には変わらない空気が流れていてほっとします。パタゴニアはカカアコに大型店があるけれど、こじんまりとしたこの店の雰囲気はノースならではです。

メインストリートでは、ロコアーティストの作品を扱う『グリーン・ルーム』をチェック。ヘザー・ブラウン、ニック・カッチャー、クリス・ゴトーといった人気アーティストの作品やグッズが並びます。

週末なら、駐車場の一角からもくもくと煙を上げている、『レイズ・キアヴェ・ブロイルド・チキン』のフリフリチキンを。イートインスペースがなくどこで食べるかが問題なのですが、このチキンは冷めても美味しいのが特徴。ホテルの部屋にキッチンがあれば、オーブンかフライパンで温めると焼きたてのパリパリ感が蘇ります。

アナフル川に架かる橋とハレイワ・アリイ・ビーチパークまでは、町から歩いて10〜15分くらい。冬は大波が押し寄せるノースショアも、夏のビーチはとても穏やか。午後の砂浜にホヌ（ウミガメ）がやってくることもあります。

Haleiwa
ハレイワ

[ハレイワ] MAP: P138 エリア⑩
【アクセス】
アラモアナセンターからザ・バス52番（ドール・プランテーション経由）、または88A（東海岸回り）でハレイワタウン下車、帰りも同様。
所要1.5〜2時間。本数も少ないので、時間に余裕をもって出掛けること。

ザ・バスのアプリで時刻表とルートの確認を忘れずに。

ソロ旅のお役立ちコラム

Column 2
常夏のハワイにも四季がある。
虹、花、フルーツのベストシーズンは？

一年中、常夏のように思われているハワイですが、「ソロ旅のベストシーズン」（P10）でご紹介したように四季があります。
花やフルーツの旬が変わるので、訪れた季節ならではの楽しみ方も味わってみてください。

ハワイでレインボーハンターになるには？

　ハワイ州のニックネームは『レインボー・ステート（虹の州）』。12〜2月下旬はお天気が安定しない代わりに、雨上がりの虹を見れる機会が増えます。太陽と反対の方角に現れるので、午前中はワイキキビーチの西方向に、夕方はアラワイ運河がある山の方角に架かることが多くなります。

　サンセットが美しいワイキキビーチですが、多くの人が夕日に見とれている間に、反対側に大きな虹が架かっていることも。晴れているのにどこからか雨の匂いがしてきたら絶好のチャンスです。

　「ハワイで虹を見ることができた人は、必ずこの地へ戻ってくる」のだとか。「また絶対にハワイに来たい」という思いを叶えるためにも、虹を探してみては。

午前中の早い時間は、ワイキキビーチに架かることが多い。

歩道に心地よい木陰を作るプルメリアの木。

春・夏・秋・冬、季節で見ごろが変わるハワイの花

　ネイチャーツアーのガイドさんから、「日本人ほど花の名前を知りたがる人はいないよ」と言われたことがあります。だって、きれいな花を見たらその名前を知りたくなるのは当然のこと。ハワイでも季節によって咲く花が変わるので、知っておくとお楽しみが増えます。

　一年中咲いているのが、半円状の花のナウパカ。海と山のナウパカがあり、花の形に由来するハワイ神話があります。ここでは詳しく紹介しませんが、興味があれば調べてみてください。

　甘い香りを放つプルメリアの見ごろは、3月から5月。早朝、芝生の上に落ちた花からきれいなものを選び、レイを作るのも楽しみです。そしてハワイの夏の花といえば、シャワーツリー。ゴールデン（黄色）、ピンク、ピンクと白が混ざったもの、さまざまな色が混ざったレインボーがあり、見ごろは6〜8月です。夏から秋にかけては、"ハワイの月下美人"と呼ばれるピタヤ（ドラゴンフルーツ）が白く神秘的な花をつけます。

　ハワイ固有の植物を保護する『ライオン植物園』(P133)、『ビショップ博物館』(P48)のほか、ショッピングセンターやホテルの庭でもハワイの植物を見つけることができます。

海のナウパカ（左）と山のナウパカ。神話ではふたつの花を合わせると、雨が降るといわれる。

旬のフルーツが見つかるファーマーズマーケット

ファーマーズマーケットに並ぶフルーツからもハワイの四季を感じられる。

　ハワイのスーパーに一年じゅう並ぶトロピカルフルーツ。パイナップル、マンゴー、パパイヤなどがよく知られていますが、5〜7月の季節にだけ見かけるのがライチです。1800年代に中国から持ち込まれたもので、いまではハワイに欠かせないフルーツになっています。旬の季節にはファーマーズマーケット（P136）やスーパーでも山積みにされ、驚くほど安い価格で売られています。季節が終わるとある日突然、見かけなくなるのも面白い。

77

Step
5

Delicious Spot

ソロ旅のご飯におすすめの
カフェ&ダイニング

デリ、カフェ、プレートランチを駆使して
おひとりご飯を充実させる

いまどき、ひとりでお店に入って食事ができない人は少ないと思いますが…。カフェやプレートランチ店が豊富なハワイでは、ひとりでも食事に不自由することはありません。いちばん気を使うのがディナータイム。「周りから淋しそうに見られないかしら」とか気になるかもしれないけれど、かえってカッコいいと思いませんか。

ファインダイニングはたくさんあるし、最近では高級鮨店も増えていますが、そういうお店はパートナーや友だちと次回来るときに楽しむこととして、この章ではひとりでも心地よくて、美味しいものを食べられるお店を中心に紹介します。

ハワイの食はこの10年で驚くほど進化を遂げ多彩に、美味しくなっています。なかでも、アジア系移民が多いことから、エスニックのレベルが高いのでおすすめ。また、地産地消、オーガニックに対する意識の高さは日本以上。ハワイ産の野菜やハーブはフレッシュでとても味が濃いのが特徴。ハワイ沖で採れる近海のマグロ（ハワイ語でアヒ）を使ったポケは前菜の定番。養殖のカンパチやエビ、オイスター、アワビなどの魚介も豊富です。豚肉、グラスフェッドビーフ（牧草牛）、チーズなども注目されています。レストランのメニューや、スーパーの生鮮品コーナー、デリにも並ぶので、チェックしてみましょう。

飲み物やドリンクをお得に楽しめるハッピーアワー、テイクアウトも活用し、おひとりご飯を楽しんで。

ダイヤモンドヘッドが近い！
オープンエアの絶景ダイニング
デック

目の前にダイヤモンドヘッドの全景が迫る。
眼下に広がるカピオラニ公園の緑も清々しい。

　ハワイらしい景色とともに朝食を楽しむなら、『クイーン・カピオラニ・ホテル』(P32)の『デック』へ。プールがある3階でエレベーターを降りると、その絶景に思わず声をあげてしまいます。目の前に迫るのは、ダイヤモンドヘッドの全景。ホノルル周辺には数えきれないほどたくさんのレストランがありますが、海に向かって突き出したおでこの部分から尻尾まで、遮るものなく眺められるスポットは数えるほどしかありません。

　朝食に選んだ『ハウピアフレンチトースト』は、カスタード風味のハウピア（ココナッツ）ソースに浸したスイートブレッドをカリッと焼き上げて、さらにハウピアのソースをたっぷりかけたもの。ココナッツの香ばしさと甘い香りに、朝から幸せな気分になれます。ほかにも、季節のフルーツをトッピングした『アサイボウル』、地元産の野菜とともに味える『エッグベネディクト』も、心ひかれるメニューです。スフレタイプのパンケーキ『トーキョースタイルパンケーキ』は、調理に時間が掛かるので、後ろの時間が決まっていない朝におすすめです。

『ハウピアフレンチトースト』には、ハワイ島にあるアメリカ最南端のベーカリー『プナルウベイクショップ』のスイートブレッドを使用23ドル。

　コーヒーやハワイ産フルーツのジュースのほか、ブレックファストタイムからカクテルやビールを注文できるのもうれしい。

朝食からランチ、ディナーまで、時間を選ばず利用できるから便利。

ロコアーティストのモダンアートを展示。

ハワイの地名や通りの名称にもなっている王室の面々。

ブランチタイムからはハワイ産の食材を生かしたモダンアメリカンキュイジーンのメニューが加わります。

　ホテル内に飾られたロコアーティストのモダンアート作品とともに、ハワイ王室のメンバーの肖像画にも注目を。ここは地元の人から長く愛され、結婚式や卒業式など家族の大切なお祝いの場として利用されることが多いホテル。古き良きハワイとモダンが共存する空間に、とてもリラックスできるはず。14時までは、1階ロビーにあるカフェ『ノッツ コーヒー ロースターズ』でもフードメニューを注文できます。

DECK.
デック

［ワイキキ中心部］MAP: P139 エリア①
150 Kapahulu Ave., Honolulu
クイーン・カピオラニ・ホテル3階
TEL 808-556-2435
朝食6:30 ～ 10:00、ブランチ＆ランチ10:00 ～ 15:00、ハッピーアワー 14:00 ～ 18:00（フードは16:00から）、ディナー 16:00 ～ 22:00（金・土曜は～ 23:00）　無休
deckwaikiki.com

ハッピーアワーは料理やビールが6ドルから。平日の曜日ごとに変わる、お得なメニューもチェック！

ソロ旅の思い出に残る
　贅沢朝ごはんはここで

プルメリア ビーチハウス

オアフ島でこの
ロケーションは
唯一無二。

　旅のなかでも特別な贅沢感を味わえるのが、ラグジュアリーホテルの朝食。それを心ゆくまで楽しめるのも、ソロ旅のいいところです。

　ホノルルでいちばん贅沢な朝食といえば、『ザ・カハラ・ホテル＆リゾート』（P36）の『プルメリア ビーチハウス』でしょう。ブレックファストタイムの名物が、1964年の開業当時からあるシグネチャーメニュー『薄焼きパンケーキ』。単品でもオーダーできますが、ビュッフェにも並ぶので、オムレツやフルーツと一緒に味わうとお得です。

　せっかくワイキキから訪れたのに、満席で待たされたり入れなかった…なんてことがないよう、事前の予約を。ドレスコードは厳しくないけれど、リゾートウエアなど少しだけおしゃれをして出かけたいもの。食事の後はイルカが泳ぐラグーンの周りやビーチの散策とともに、このホテルに滞在した各国のVIPの写真やサインを眺めるのも楽しい時間。"カハリウッド"と呼ばれるほど著名人が愛したホテルの歴史が蘇ります。

ホテルの朝食といえば、やっぱりオムレツは欠かせない。和食のメニューも豊富な、『ブレックファストビュッフェ』55ドル。

Plumeria Beach House
プルメリア ビーチハウス

[カハラ] MAP: P139 エリア⑤
5000 Kahala Ave., Honolulu
ザ・カハラ・ホテル＆リゾート内
TEL 808-739-8760
朝食6:30 〜 11:00、ランチ11:30 〜 14:00、
ハッピーアワー 15:30 〜 17:30、
ディナー月〜木曜17:30 〜 20:30　無休
jp.kahalaresort.com/dining/plumeria-beach-house

ワイキキ〜カハラは
Uberで18ドル程度。
帰りはカハラモールに
立ち寄りたい。

Step 5 Delicious Spot

高級ステーキハウスの知る人ぞ知る
　ブレックファストメニュー

ウルフギャング・ステーキハウス

　ニューヨークに本店を構え、日本でもおなじみのステーキハウス。ここホノルルでも変わらぬ人気を誇ります。とはいえ、シグネチャーメニューの『ポーターハウス・ステーキ』は2人分から、とてもおひとりで食べきれるボリュームではありません。

『ロイヤル・ハワイアンセンター』の『ロイヤルグローブ』（P125）を見下ろせるロケーション。

　意外に知られていないのが、ブレックファストメニューの存在。ヘルシーなフルーツヨーグルトやアボカドトースト、パンケーキやエッグベネディクト、具材を選べるオムレツ、モーニングステーキなどを提供しています。

　この店はステーキだけでなく、前菜、サラダ、付け合わせの一品一品まで、何を食べても間違いなく「さすが！」とうなる美味しさ。理由は、すべての食材を厳選してるから。朝食のレベルの高さも想像できるでしょう。朝の時間帯はほとんど混雑することはありません。しかも、ホテルや人気店の朝食に比べてもリーズナブル！

『アボカド・トースト』14.95ドル。思っていたよりずっとお手頃な価格。

　気をよくしてオーダーしたカクテルのほうが高かったのは、計算外でしたが（笑）。

Wolfgang's Steakhouse Waikiki
ウルフギャング・ステーキハウス

［ワイキキ中心部］ MAP: P139 エリア①
2301 Kalakaua Ave., Honolulu
ロイヤル・ハワイアン・センター C館3階
TEL 808-922-3600
7:00 〜 22:30（金・土曜〜 23:00）、
朝食〜 11:00　無休
wolfgangssteakhouse.jp/waikiki

月〜金曜の15〜18時はカウンター席でハッピーアワーを実施。

マノア渓谷の空気と美味しいコーヒーで
ハッピー朝ごはん

モーニング・グラス コーヒー＋カフェ

瑞々しい緑と、しっとりとした空気に包まれたマノアにあるこの店は、コーヒー好きが集まることで知られています。通勤や通学で忙しい朝の時間帯でも、どこかのんびりした空気が漂っていて、時間を気にせず本でも読みながら過ごしたい場所です。

自家製マフィンにチーズがとろける『エッグマフィン』9.50ドル、注文を受けてからドリップするコーヒー 5ドル。

私が店を選ぶ目安のひとつに、「忙しくてもスタッフが楽しそうに働いていること」があります。以前、この店のオーナーさんが、「美味しいコーヒーを飲んでいる人は、みんなハッピーなんだよ」と語っていたことがあり、まさにそのお手本のような店。お客さん同士が席を譲り合ったり、ドリンクとフードを載せたトレイを持ってウロウロしていると誰かが手を貸してくれたり。そんな親切な人が多いのも、美味しいコーヒーのおかげでしょうか。

注文ごとに1杯ずつドリップするコーヒーには、ハワイ産をはじめ世界中から厳選した豆を使用。サンドイッチ、サラダのほか、自家製スコーンやケーキもおすすめです。

ハワイ大学が近いため、学生や大学関係者の姿をよく見かける。

Morning Glass Coffee+Cafe
モーニング・グラス コーヒー＋カフェ

[マノア] MAP: P139 エリア⑤
2955 E. Manoa Rd., Honolulu
TEL 808-673-0065
7:00 〜 14:00（土・日曜は8:00 〜） 月曜休
www.morningglasscoffee.com

ブランチメニューは8 〜 13時の提供。そのほかはペストリー類とドリンクのみ。

Step 5 Delicious Spot

胃腸が疲れてきたら、野菜たっぷりの
メニューでコンディショニング
カイマナ・ファーム・カフェ

黒板のイラストでおすすめのメニューや食材を紹介。

　旅先で外食が続くと、さすがに日本のお惣菜風の料理が恋しくなります。カパフル・アヴェニューにある『カイマナ・ファーム・カフェ』は、地元の農家から直接仕入れた野菜を使ったデリメニューを中心に、サンドイッチなどを提供する店。ヒジキ、豆腐、根菜などの食材を豊富に使い、全体に日本人好みの薄味なのがうれしい。ベジタリアン、ヴィーガンメニューもあるので、胃腸を休めてデトックスしたいときにおすすめです。

『パワー弁当』22.70ドル。メインはディジョンチキン、ハンバーグ、豚の角煮などから1品、付け合わせはキャロットラペ、ケールサラダ、豆腐ポケなど約10種類から5品を選べる。

　いちばんの人気は、メインの料理1品と、デリメニューからお好みの5品を選べる『パワー弁当』。ヴィーガンハンバーグであっさり風にも、チキンやポークの料理でボリュームアップも、自由にカスタマイズできます。

　以前は夕方にはクローズしていましたが、現在はディナータイムもオープンし、アラカルトメニューが豊富に。朝食メニューには、フレンチトーストやエッグベネディクト、アサイボウルが加わっています。自家製のスコーンの焼き上がりを待つのも楽しみです。

Kaimana Farm Cafe
カイマナ・ファーム・カフェ

［カパフル］ MAP: P139 エリア②
845 Kapahulu Ave., Honolulu
TEL 808-737-2840
水曜〜金曜8:30〜15:00（土・日曜は7:30〜）、
17:00〜20:00
月・火曜、日曜のディナー休
kaimanafarmcafehawaii.com

お酒と一緒に食べたい時は、向かいの『セイフウェイ』で買って持ち込みOK！

85

すくすく育つように描かれた大樹の壁画が印象的な店内。

100%ヴィーガンのヘルシー料理で身体も心も軽やかに

ピースカフェ

キング・ストリートをザ・バスに揺られて移動していると、鳥が描かれたピンクの可愛らしい看板が目に留まります。ここは100%植物由来の食材で作ったメニューを提供するカフェ。オープンしたのは10年以上前ですが、当時まだ「ヴィーガン＝味気ない」というイメージが強くあるなか、その美味しさに「本当にヴィーガン!?」と驚いたものでした。

できる限りハワイ産の食材を使っていることも特徴。玄米ご飯と9種類のおかずを載せた『ピース・サンプラー』16.75ドル。

現在、料理を作っているのは、元日本食レストランで腕を振るっていたオーナーのShotaさん。その料理は動物性の食材を使っていないことを感じさせないくらい食べ応えがあり、彩りも豊かです。

いろんなおかずを少しずつ味わいたいなら『ピース・サンプラー』を。豆腐をスクランブルエッグ風に仕上げた料理、豆腐やテンペのカツを載せたカツカレー、豚骨風のラーメンにも感動します。

グルテンフリーのケーキ、アイスクリームといったスイーツも、Shotaさんがお得意とするところ。甘味にはメープルシロップやフルーツを使い、砂糖は不使用というのもこだわりです。

Peace Cafe
ピースカフェ

［キング］MAP: P139 エリア⑤
2239 S. King St., Honolulu
TEL 808-951-7555
10:00 〜 20:00（L.O.19:30） 日曜休
www.peacecafehawaii.com

日本では渋谷の『ロータスカフェ・トーキョー』で、この店のレシピで作った料理を提供中。

並んで待つのも楽しい！
ロコが集うカウンターダイニング
リリハ・ベーカリー

こんなふうに肩寄せ合って食べる料理の美味しさは格別！

"ホノルルのシェフズテーブル"と私が呼んでいる店。パンケーキ、卵料理、ポークチョップなど、スープ以外の料理のほとんどが、お客さんの目の前にある鉄板の上で作られます。15ほどのカウンター席は常に満席なのですが、入り口に並んでいても鉄板の上で続々と料理が完成する様子が見え、それを眺めながら何を注文しようか考える時間が楽しいのです。横長のキッチンでは数人のスタッフがテキパキと料理を作るパフォーマンスがお見事。その後ろを大きな鍋を抱えた別のスタッフがすり抜ける、チームワークの良さにも感心します。

ワイキキの『インターナショナル・マーケットプレイス』（P126）やアラモアナセンターの『メイシーズ』などにも出店していますが、ロコに交じってこのカウンターで食べるといっそう美味しく感じます。

ベーカリーコーナーではシュークリーム風のスイーツ『ココパフ』がお土産に人気。隠れた人気商品が、デニッシュ風の生地に粒あんをみっしり詰めたアンパン。1950年の創業当時から作られているものだそうです。

『カントリースタイルオムレツ』13.50ドル。具はスパム、ポルトガルソーセージ、ベーコンなどから選べる。

Liliha Bakery
リリハ・ベーカリー

［カリヒ］MAP: P139 エリア④
515 N. Kuakini St., Honolulu
TEL 808-531-1651
6:30 〜 22:00　無休
www.lilihabakery.com

パンケーキ、オムレツなどの朝食メニューは営業時間中ずっとオーダーできる。

パン好きにおすすめしたい、注目のベーカリー 3軒

ブレッドショップ／ハレクラニ ベーカリー／LBカフェ

カイムキの人気店でシェフを務めたオーナーのクリスさん。毎日15種類のパンと10〜15種類のペストリーを販売。ペストリーは予約なしでも購入できる。

　旅先では、地元のパン屋を見つけて食べ比べてみるのが楽しみのひとつ。ホノルルで今、最も気になっているのが、カイムキ（P68）にある『ブレッドショップ』。バゲット、カンパーニュなどハード系パンが美味しい店が少ないハワイで、希少な存在です。ただし、ふらっと出掛けて行っても買えず、WEBサイトからの予約制です。ほかにも古くからある『スコニーズ・ベーカリー』のスコーン、肉屋とデリを併設する『ローカル・ゼネラルストア』の大きくてサックサクのクロワッサンも、一度食べるとリピートしたくなる味です。

　ワイキキで行列が絶えないベーカリーが『ハレプナ ワイキキ バイ ハレクラニ』（P22）内の『ハレクラニ ベーカリー』。ハレクラニ

Breadshop
ブレッドショップ

［カイムキ］MAP: P139 エリア②
3408 Waialae Ave., Honolulu
14:00〜18:00　月・火曜休
www.breadsbybreadshop.com

Halekulani Bakery
ハレクラニ ベーカリー

［ワイキキ中心部］MAP: P139 エリア①
2233 Helumoa Rd., Honolulu
ハレプナ ワイキキ バイ ハレクラニ1階
TEL 808-921-7272
6:30〜11:30　月・火曜休
www.halepuna.jp/bakery

Step 5 Delicious Spot

ハレクラニのロゴ入り『マンゴー・クイニー・アマン』6.50ドル。

ブランド初のベーカリーショップでは、提携する『帝国ホテル東京』からヘッドベーカーを迎え、フランス製のオーブンで焼きあげたパンを提供しています。クロワッサン、デニッシュ系、ハード系のパンのほか、キッシュ、サンドイッチ、ハレクラニの人気スイーツ『ココナッツケーキ』も。開店前から行列ができていることがありますが、朝7時前後は比較的混雑が少なく、店内やテラス席で食べられます。

巨大水槽を眺めながらパンとコーヒーを味わえるのが、『LBカフェ』。日本におけるイタリア料理の先駆者、落合務シェフがハワイに初出店した『ラ・ベットラ・ワイキキ』のスペースを使い、午前中だけカフェとしてオープンしています。パンも落合シェフが監修したものだから、味とクオリティはお墨付き。

以前は、「ハワイのパンはいまひとつ…」と思うことが少なくなかったのですが、最近はそのレベルがぐんぐんと上昇中。新店舗のオープンも相次いでいて、ホノルル周辺だけでベーカリーガイドが1冊作れそうです。

『ストロベリークロワッサン』8ドル。『アロヒラニ・リゾート』のロビーフロアにある。

LB Café
エルビー・カフェ

[ワイキキ] MAP: P139 エリア①
2490 Kalakaua Ave., Honolulu
アロヒラニ・リゾート・ワイキキビーチ1階
TEL 808-674-7902
6:00 〜 11:00　無休
www.lbwaikiki.com/lbcafe

カカアコの『オカヤマ・ベーカリー』、ダウンタウンの『パリ・バゲット』にも注目！

ワイキキビーチにいちばん近い
絶景ビューのオールデーダイニング
モンキーポッド・キッチン

店内のほぼすべてのテーブルから海が見える。

　これほどビーチに近いレストランは、私が知る限りワイキキに1～2軒。オーナーシェフのピーター・メリマンは1990年代、ロイ・ヤマグチ、アラン・ウォンらとともに、ハワイ独自のキュージーヌを紹介しようと、地産地消と多彩な料理法を提唱すべく立ち上がったひとり。ハワイの料理が格段に美味しくなった背景に、彼の存在があったことは間違いないでしょう。

　彼が手掛ける店は、最初のレストランであるハワイ島ワイメアの『メリマンズ』をはじめハワイ各地にあるのですが、ワイキキでも味わえるようになったのはうれしい限り。しかもこのロケーション！　足元のすぐ近くまで波が打ち寄せ、ダイヤモンドヘッドも望めます。

　エッグベネディクト、オムレツを中心にした朝食に始まり、ランチとディナーではププ（前菜）、店内の窯で焼くピッツァ、ハンバーガーやアヒ（マグロ）のステーキも。すべての時間帯でアルコールドリンクを提供。暗くなると外の景色が見えなくなってしまうので、ソロ旅なら明るい時間帯がおすすめです。

ハワイ島カムエラ産のトマトとフレッシュモッツァレアを使った『マルゲリータ』21ドルと、10種類から選べるハンドクラフト・カクテル各18ドル。

Monkeypod Kitchen
モンキーポッド・キッチン

［ワイキキ中心部］MAP: P139 エリア①
2169 Kalia Rd., Honolulu
アウトリガー・リーフ・ワイキキ・ビーチリゾート1階
TEL 808-900-4226
7:00～23:00　無休
monkeypodkitchen.com

15時半から17時のハッピーアワーはフードの一部が半額、ドリンクも2～4ドルオフ！

ソロ旅のお役立ちコラム

Column 3

チップの目安とテイクアウトのススメ。
絶対行きたい店は、ネットで予約を

「高い、高い！」と言われて久しいハワイの食ですが、ここは割り切るしかありません。ハワイだけではなくて、パリやニューヨーク、ロンドンはもっと高いのですから。

そして気になるのがチップ。最近ではランチでも最低15％、ディナーでは18％から高級レストランでは25％が目安。15％、18％、20％というように該当金額が明記された伝票が増えていて、計算の手間が省けて便利。もちろん、自分で金額を設定しても問題ありません。注意したいのは、あらかじめサービス料（TIPまたはGratuity）が含まれている場合があること。二重に払うことがないよう、しっかりチェックしましょう。

ファストフード店やセルフサービスの店ではチップは必要ありません。テイクアウトの場合も、チップは不要。チップ代を節約するためにテイクアウトを利用する地元の人も多くいます。超高級店以外、多くの店が取り入れているので、利用するのもいいでしょう。

お目当ての店のサンデーブランチやアフタヌーンティー、ディナーを確実に楽しむためには、予約がおすすめ。無料レストランオンライン予約サービスの『オープンテーブル』は多くの店が導入しています。日時を指定すれば、おひとり利用の可否がわかるし、予約前日にリマインダーが届くので便利です。

日本語でレストラン検索と予約ができる『OpenTable』のサイト。

チップの金額が表示されたレシート。催促されているようでもあるけど、計算の手間は省ける。

オープンテーブル（OpenTable）
➡ www.opentable.jp

ウエストコースト発祥のレストランは
おしゃれなロコ女子の注目スポット
ストレイツ

ココナッツ風味のご飯におかずを組み合わせた『ナシレマ』26ドル。主菜はチキン、ビーフ、サーモンなどから選べる。

ハワイのローカル料理はもちろん、和食、フレンチ、イタリアンにエスニックなど、世界中のほぼあらゆる料理を食べられるハワイですが、意外にもシンガポールやマレーシアの料理に特化したレストランはありませんでした。ニュースポットが続々と誕生しているワードエリアに2023年秋にオープンしたのがここ。洗練されたフュージョン料理店がしのぎを削るシンガポールで育ったオーナーのクリス・ヨオが1987年、サンフランシスコで創業した店です。舌の肥えた西海岸の人々にシンガポール料理の素晴らしさを紹介し、瞬く間に人気店になりました。もちろん、ハワイには初出店。店名の『ストレイツ』とは"海峡"という意味があり、シンガポールとマレーシアの間にあるマラッカ海峡にちなんでいるのだそうです。

近くに高級コンドミニアムがある場所柄、ランチタイムには地元マダムらしき女性グループがちらほら。ぜひとも味わってみたのが、シ

トロピカルムードいっぱいの店内。バーカウンターで軽くカクテルを楽しむのもいい。

Step 5 Delicious Spot

これは絶対押さえておきたい『海南チキンライス』28ドル。付け合わせのスープも美味！

グネチャーメニューの『海南チキンライス』。マレー半島の国民食とも呼ばれる『ナシレマ』は、ココナッツミルクで炊いたご飯に数種類のおかずを合わせたプレートランチ風のメニュー。また、シンガポールの朝食に欠かせない『カヤトースト』には、同じワードヴィレッジ内ある『オカヤマベーカリー』の食パンを使用しているのだそう。インド風の揚げパン『ロティプラタ』はおつまみ感覚で、お酒にもよく合います。

　これまでのハワイでありそうでなかった料理に、ファンが急増中。ビジネスウーマンの女子会に利用されることも多いといいます。夜になるとちょっとおしゃれをしたロコたちが集まってきて、21時以降はクラブのような雰囲気に。土曜と日曜限定のブランチも気になります。まずランチをチェック、気に入ったら再訪してみては。

左／インド風のパン『ロティプラタ』13ドル。カレー風味のサルサソースを付けて食べると、止まらなくなる美味しさ！　右／スイーツ好きが絶賛する『カヤトースト』15ドル。卵に醤油を合わせた甘じょっぱいソースを付けて食べる。

Straits
ストレイツ

［ワード］MAP: P139 エリア③
1060 Auahi St., Honolulu
ワード・エンターテインメント・センター内
TEL 808-888-0683
11:00 ～ 14:00、16:00 ～ 22:00（金・土曜は～24:00）、ブランチ土・日曜10:00 ～ 14:00　無休
www.straitshawaii.com

毎週火曜日は『タコ・チューズデー』。この日だけ登場するタコスを食べられる。

コース料理のように楽しめる
こだわりのアフタヌーンティー

ディーン&デルーカ ハワイ

街路樹の緑を眺められる2階は、ワイキキの中心とは思えないほど静か。ワイン1杯からの利用もOK。

　日本でも人気が高い『ディーン&デルーカ』は1977年、ニューヨークのソーホーから始まったデリカテッセン。ここハワイでも、ローカルの新鮮な食材を生かしたデリメニューを提供しています。

　予約して訪れたいのが、2階のレストラン『アルチザンロフト』で週に3日間だけ提供するアフタヌーンティー。デリ、ベーカリー、デザートの3人のシェフが、それぞれ腕を振るいます。その内容は、スコーンからスタートし、スープ、サンドイッチやパテを盛り合わせたセイボリーバスケット、5種類のスイーツに、ユズのデザートの5コース。さらに、ヨーロッパやハワイの厳選された高級紅茶セレクションから、好みの2種類を選べます。ベースのメニューは6〜8カ月に1回変わり、季節によってスペシャルメニューが登場する月も。

　アフタヌーンティーのメニューは2人分からというお店が多いなか、ひとり分から注文できるのがうれしい。ハワイ時間の日曜日の夜にはその週の予約が埋まってしまうこともあり、なるべく早めにWEBから予約することをおすすめします。ガラスやセラミックの器以外に入ったものはお持ち帰りOK。食べきれなかったスイーツを、ホテルの部屋でゆっくり味わうのもいいですね。

　チーズやデリミートのメニューも充実し、軽くワインを楽しみた

1階のデリに並ぶサンドイッチ。サラダ、キッシュ、ポケなどのメニューも。

左／5コースで構成されるアフタヌーンティー 60ドル。※1人分、実際には1皿ずつ提供。
右／食べきれなかったスイーツは、持ち帰り。

いときにふらっと立ち寄るのもおすすめです。

　お土産にはハワイ限定のトートバッグがおなじみ。ハチミツ、コーヒー、マカダミアナッツなども厳選したクオリティのものがそろい、お土産にしても間違いありません。

　高級レジデンスホテルの1階ということもあり、デリの料理もさぞかしお高いかと思いきや、意外とリーズナブル。コンビニやスーパーのお惣菜が値段の割に味がいまひとつでへこむことがありますが、ここなら確実に美味しいです。

自家製酵母を使って作るパンの美味しさもお墨付き。

DEAN & DELUCA HAWAII
ディーン&デルーカ ハワイ

[ワイキキ中心部] MAP: P139 エリア①
383 Kalaimoku St., Honolulu
ザ・リッツ・カールトン・レジデンス1階
TEL 808-729-9720
7:00 ～ 17:00、アフタヌーンティー火～木曜11:30 ～ 15:30、ブランチ土・日曜9:00 ～ 14:00　無休
www.deandeluca-hawaii.com

『ロイヤル・ハワイアンセンター』にもあり、ハワイ限定グッズやスイーツが並ぶ。

オーナーが厳選した世界のコーヒーを
ワインのようにテイスティング
ドリップ・スタジオ

ダウンタウンで
美味しいコーヒ
ーが飲みたくな
ったらここへ。

　ハワイ島のコナコーヒーやカウコーヒーをはじめ、各島でコーヒー豆が栽培されているハワイ。「コーヒーが好きだから」という理由で旅の目的地に選ぶ人も少なくありません。そんな人におすすめしたいのが、ここ。ダウンタウンのほぼ中心、フォート・ストリート・モールという歩行者天国みたいな通りにある『ドリップ・スタジオ』です。

　コーヒー好きが高じてこの店をオープンしたオーナーのヴィンセントさん。彼自身が旅先で飲んで気に入ったり、SNSをチェックして探し当てた世界中のコーヒーを、すべて丁寧なハンドドリップで提供しています。その名を知られた産地のものはもちろん、ハワイ産、"幻のコーヒー"と呼ばれるゲイシャコーヒー、ヴィンセントさん自身が発掘した小さな農園のシングルオリジンコーヒーも。

　ダウンタウン散策の合間に立ち寄り、こじんまりとした店内で1杯のコーヒーを味わうのもいいのですが、3席しかないカウンターで、目の前でドリップする様子を眺めるのは最高の贅沢。その日のおすすめをお任せで3〜4種類飲み比べできます。

　この日は、ゲイシャコーヒー、グアテマラ、エチオピアの3種類を飲み比べ。豆によってお湯の温度、時間、カップが替わり、同じコー

左／常連さんが多く、ダウンタウンの隠れたオアシス。
下／オーナーのヴィンセントさんと、パートナーのクリスさん。

左上／お客さんの好みを聞いてからコーヒー豆を選んでドリップしてくれる。左下／フルーツとの組合せも楽しめる。アイスコーヒーにはゴールデンキウイが合うのだそう。右／豆によってドリッパーが替わる。ヴィンセントさんのパフォーマンスにもうっとり。

ヒーでもカップの形が替わると香りと味が違ってくることにびっくり！　さらに、時間を置くとまた味わいが変わってきます。産地や味わいの特徴を説明しながらドリップする、ヴィンセントさんの所作の一つひとつも美しい。時間を気にせず、心ゆくまでコーヒータイムを楽しめるのも、ソロ旅の特権です。

　近くにオフィスが多い場所柄、朝とランチタイム直後は混雑します。お昼休みが終わる13時過ぎに訪れると、比較的ゆっくり過ごせます。

Drip Studio
ドリップ・スタジオ

［ダウンタウン］MAP: P139 エリア④
1146 Fort Street Mall.,#B, Honolulu
TEL 808-200-7124
7:00 〜 14:00（土曜は8:00 〜）　日・月曜休
www.dripstudiohnl.com

トーストやサンドイッチメニューもあり、ランチタイムにもおすすめ。

ボリュームも美味しさも◎
ワイキキでいちばんお得なハッピーアワー

ヘブンリー・アイランド・ライフスタイル・ワイキキ

ランチとディナーの間の時間帯や、少し早めのディナータイムに、ドリンクや料理を割安の価格で提供するハッピーアワー。ハワイでも多くのレストランが取り入れています。早い時間からお酒を飲む人向けサービスのイメージがありますが、ノンアルコールでも十分お得。ソロ旅ディナーの心強い味方です。

野菜不足解消に、モリモリ食べたい『オーガニックビーツサラダ』13.50ドル。

ワイキキのなかで最もお得なハッピーアワじゃないかしら? と思っているのがここ。「可能な限り地産地消で、体の内側から元気になる」をコンセプトに、ハワイ産の新鮮な野菜や、豚肉、卵などを使用し、オーガニックやグルテンフリーにもこだわったメニューを提供しています。日本

サーフカルチャーをイメージしたインテリアの店内。奥はゆったりくつろげるソファ席。

Step 5 Delicious Spot

『フィッシュ&チップス』はこのボリュームで19ドル。食べきれなかったら、もちろんテイクアウトして。

でも人気のハワイアンレストラン『アロハテーブル』や『ヘブンリー』の姉妹店といえば、安心して利用できるでしょう。

　ブレックファストタイムは、ローカルエッグを使ったエッグベネディクト、ローカルハニーをたっぷりかけたフレンチトースト、アサイボウルなどを目当てに行列ができますが、16〜18時のハッピーアワーはのんびりとした雰囲気。アメリカンビールが5ドル、ハワイのコナ、マウイ・ブリュワリーなど、おなじみのビールや、スパークリングワインとフルーツジュースのカクテル『ミモザ』がすべて5.50ドル。フードでは、フレンチフライと枝豆がそれぞれ6ドル。しかもお通し程度ではなく、2〜3人分で食べても満足できそうなボリューム。ハワイの定番ププ（前菜）『アヒポケ』が15ドル、揚げ物好きには『フィッシュ&チップス』19ドルもおすすめです。

　ハッピーアワーのスタート時間を目指して訪れれば、お好みの席を選んで座れます。17時を過ぎるとカップルや、グループのお客さんが増えて賑やかに。早めのディナーに利用したり、サクッと食前酒だけ楽しむのもいいでしょう。

『ミモザ』5.50ドルは、パイナップル、グアバ、マンゴー、アサイからお好みを選べる。

Heavenly Island Lifestyle Waikiki
ヘブンリー・アイランド・ライフスタイル・ワイキキ

［ワイキキ中心部］MAP: P139 エリア①
342 Seaside Ave., Honolulu
TEL 808-923-1100
7:00〜21:30、ハッピーアワー 16:00〜18:00　無休
www.heavenly-waikiki.com

お向かいがディスカウントショップの『ロス・ドレス』。毎週火曜日、55歳以上は10%オフに！

お好みのグラスワインと
ハワイ産チーズの組合せがおすすめ

アイランド・ヴィンテージ・ワインバー

アサイボウルとコーヒーが人気の『アイランド・ヴィンテージ・コーヒー』がプロデュースするワインバー。昼間から（朝からでも！）ワインやワインベースのカクテルを味わえます。ハワイ随一と評判のワインコレクションは、世界的な影響力をもつ専門誌『ワイン・スペクテーター』のアワードを3年連続で獲得していることからも実証済みです。

『トリュフ・アボカド・クロスティーニ』14ドル。

ひとりでボトルワインをオーダーすると1種類しか味わえませんが、この店はグラスワインが充実。スパークリングワインももちろん、グラスでOK。また、2.5オンスのハーフグラスと5オンスのフルグラスから選べるものもあり、気になる銘柄をいろいろと飲み比べられます。

この店を手掛ける『アイランド・ヴィンテージ』は、コーヒー専門店でありながらフードメニューのレベルの高さで知られています。美味しい料理がありながら、アルコールの提供がないことだけが残念だったのですが数年前、新たにワインバーをオープンすると聞いたときには、小躍りして喜んだものです。カフェでも人気のフレッシュなアヒ（マグロ）で作るポケ丼ほのか、ワインバー限定のメニューではプロシュート、ローカルのチ

フレッシュな『ブッラータ』に、ワインが進む！ バゲット付き 29ドル。

壁際には好みのワインをセルフで味わえる、ワインディスペンサーを設置。

ーズ、新鮮な魚介を盛り合わせたプレートも期待を裏切らない美味しさ。お隣のカフェに比べて比較的混雑が少なく、着席で心ゆくまで味わえます。

　ディナータイムが近くなると混雑することもあり、おすすめはハッピーアワー。ワインだけでなく、生ビールも6ドルからとお得。ハッピーアワー限定のリーズナブルなフードメニューも登場。ワイキキのショッピングセンター内という便利なロケーションに、これだけ充実したスポットがあるのだから、ワイン好きでなくても利用しない手はありません。

ポケ丼よりスモールサイズの『ポケ弁当ボックス』14ドルは、軽く食べるのにちょうどいい。

Island Vintage Wine Bar
アイランド・ヴィンテージ・ワインバー

［ワイキキ中心部］ MAP: P139 エリア①
2301 Kalakaua Ave., Honolulu
ロイヤル・ハワイアンセンター C館2階
TEL 808-799-9463
7:00 〜 22:00（フードはL.O.21:30）、
ハッピーアワー 15:00 〜 17:00　無休
www.islandvintagewinebar.com

ハッピーアワー限定メニューのポテトフライ（6ドル）が美味＆ビールにも合う！

プールサイドの開放的な空間で
ハッピーアワーを

スプラッシュ・バー

『カルアピッグ・スライダー』9ドル、『チリガーリック味の枝豆』5ドル。

　『シェラトン・プリンセス・カイウラニ』(P26)のプールサイドレストラン＆バーは、オープンテラスの開放的な雰囲気が魅力。夕方になると、カラカウア・アベニューまで流れてくるライブミュージックに吸い寄せられるように訪れたくなる場所です。ドレスコードを気にせず利用できるので、ふらりと立ち寄ってもいいでしょう。

　地元誌がハワイのベストレストランを選ぶハレアイナ賞で、バーフード部門の金賞を獲得していることもあり、美味しさはお墨付き。ハッピーアワーでは、ビールにぴったりのおつまみの定番『チリガーリック味の枝豆』がおすすめ。蒸し焼きにした豚肉を細かく裂いたカルアピッグに、フルーティーなソースが絡む『カルアピッグ・スライダー』は、フィンガーフード感覚で食べられるミニサイズのハンバーガーです。1皿でいろいろな味を楽しめるのが、『ダ・シート・パン サンプラープレート』。カクテルは大きめのグラスでサーブされ、コストパフォーマンスも申し分ありません。

チキンウィング、ナチョス、チチャロン（豚皮を揚げたもの）を盛り合わせた『ダ・シート・パン サンプラープレート』30ドル。

Splash Bar
スプラッシュ・バー

［ワイキキ中心部］ MAP: P139 エリア①
120 Kaiulani Ave., Honolulu
シェラトン・プリンセス・カイウラニ1階
TEL 808-922-5811
6:30 ～ 21:00（バーは～ 22:00）、
ハッピーアワー 15:00 ～ 17:00　無休
www.marriott.com/en-us/hotels/hnlks-sheraton-princess-kaiulani/dining

朝食には、紫色のソースが掛かった『プリンセス・パンケーキ』を。

行列が絶えないチャイナタウンの
モダンベトナム料理店
ザ・ピッグ&ザ・レディー

いつも行列ができているので、すぐ見つけられる。

　エスニック料理のレベルが高いハワイのなかでも、数が多いのがベトナム料理店。日本にも出店している『ザ・ピッグ&ザ・レディー』は、フレンチテイストのモダンなベトナム料理を提供する店。ファーマーズマーケットで販売していたフォーで人気に火が付き、ダウンタウンに店を構えました。オープンから10年以上が過ぎた現在も、相変わらずの人気ぶりです。

ほとんどの人が注文するフォーは、3種類の肉を味わえる『フォー 75ダック・ビエット』27ドルのほか、『ベジタブルフォー』20ドルがある。

　看板メニューのフォーは、オーナーシェフ・アンドリューさんのお母さんのレシピで作るスープが味の決め手。皮がパリッパリのチキンウィングも美味しく、この2品が鉄板メニューです。先日、久しぶりに訪れたら、料理が格段に進化していてびっくり！　アンドリューさんいわく、「できる限りハワイの食材を使い、季節感のある料理を提供するようになりました」とのことでした。

　店があるのは、歴史的建造物が点在するチャイナタウン。夜間は人通りが少なくなるエリアなのでランチタイムか、夕方の暗くならないうちに訪れることをおすすめします。

The Pig & The Lady
ザ・ピッグ&ザ・レディー

[チャイナタウン] MAP: P139 エリア④
83 N. King St., Honolulu
TEL 808-585-8255
11:30 〜 14:30、17:30 〜 21:00
(最終入店20:45)　日・月曜休
thepigandthelady.com

土曜日の『サタデー・ファーマーズマーケット KCC』にも出店。

103

少しずつ色づいていく空とダイヤモンドヘッドをバックに舞うフラにうっとり。

あこがれのホテルのダイニング＆
ラウンジで過ごす大人時間

ハウス ウィズアウト ア キー／ルワーズ ラウンジ

　ワイキキを代表するラグジュアリーホテル『ハレクラニ』。ロビーを入った瞬間に感じる心地よい緊張感は、何度訪れても変わることがありません。なかなか気軽に宿泊できるホテルではないけれど、レストランやラウンジは宿泊ゲスト以外にも開かれた場所。滞在中に一度は、この空気にふれに訪れてみたいものです。

　朝食、ランチからディナーまで、いつ訪れても温かく迎えてくれるのが、カジュアルダイニングの『ハウス ウィズアウト ア キー』。いちばんのおすすめの時間帯が、歴代ミス・ハワイのフラを楽しめる夕刻のエンターテインメントタイム。ワイキ

ハレクラニのシグネチャーカクテル『マイタイ』22ドル。『ピピカウラのサラダ巻き』24ドル。

104

Step 5 Delicious Spot

キビーチに沈む夕日と、キアヴェの大樹をバックに舞うフラが、それはそれは美しいのです。

　樹齢100年を超えるこのキアヴェツリーは2016年の夏、突然倒壊してしまいました。そのまま朽ちてしまうるかとも思われましたが、残った株から新芽が育ち、現在の姿になっています。伐採された幹のほうは、姉妹ホテル『ハレプナ ワイキキ バイ ハレクラニ』(P22)のロビーで、ロコのアーティストが手掛けたオブジェとなって新しい命を得ています。

　ディナーの後や、もう少しお酒を飲みたいときには、『ルワーズ ラウンジ』へ。重厚感漂うドアの向こうに、ほの暗い大人の空間が広がります。ここでは20時から(週末は20時30分から)始まるエンターテインメントタイムをぜひ体験したいもの。スタンダードナンバーをアレンジしたジャズの生演奏や、"ラウンジの淑女"のニックネームをもつマギー・ヘロンさんのピアノ演奏とボーカルは感涙もの。こういう場所をひとりで楽しめるようになれば、間違いなくソロ旅上級者です。

ジャズの生演奏を楽しめる『ルワーズ ラウンジ』。カクテルのオーダーに迷ったら、日本人女性のスタッフがいるので遠慮なく相談を。

House Without A Key ／ Lewers Lounge
ハウス ウィズアウト ア キー／ルワーズ ラウンジ

［ワイキキ中心部］ MAP: P139 エリア①
2199 Kalia Rd., Honolulu
ハレクラニ1階
TEL 808-923-2311
ハウス ウィズアウト ア キー 9:00 〜 21:00、
ルワーズ ラウンジ19:00 〜 24:30
(日・月曜は〜 24:00、金・土曜は〜翌1:00)　無休
www.halekulani.jp/restaurants

『ルワーズ ラウンジ』は遅い時間ほど混雑。ライブが始まる前に入店をおすすめ。

ハワイの著名人に会えるかも！？
ローカルにも人気のレストラン
マヒナ＆サンズ

10種類以上から選べるティキ・カクテルは16〜18ドル。

　プールサイドの居心地が抜群にいいホテル『星野リゾート　サーフジャック　ハワイ』（P24）のダイニング。室内の席もあるのだけれど、ここはプールサイドのラナイ席が断然おすすめです。ハッピーアワーのスタートが12時ということもあり、ランチスポットとしても利用価値大。午後になるとビールやカクテルを楽しむ人がポツリポツリと増えてきて、プールで遊ぶ人たちを眺めながら過ごしていると、とってもリラックスできます。ドッグフレンドリーなホテルとしても知られているので、いろいろなワンコたちが出入りするのを眺めるのも、ワンコ好きには楽しい時間。運がよければ、看板犬のジャックに会えることもあります。

　ハッピーアワーのラナイメニューは、4〜8ドルのスモールプレートに加え、通常14〜20ドルのレギュラーメニューが10〜15ドルに。

プールサイドで食事をしながら、日替わりのライブミュージックを。

なかでも店内の窯で焼くピッツァはクリスピーなクラストが特徴で、ぺろりと1枚食べてしまう美味しさです。ビール、ワイン、オリジナルカクテルも5ドルからあり、ワイキキの

ロコのナイトライフを垣間見れるのも楽しい店。

中心とは思えないほど手ごろな価格は見逃せません。

　毎日18時半からは、ロコのミュージシャンによるライブがスタート。また、毎月第1・3木曜日の夜は、新進アーティストやスモールビジネスを展開しているロコたちによるナイトマーケットを開催。アパレル、アート作品、小物やフードもあり、ワイキキの他店ではなかなか手に入らないものが見つかります。ロコたちのナイトライフを眺めら

れるのも楽しく、先日はディナータイムに元ミス・ハワイや、人気MCの姿も見掛けしました。この場所なら、夜遅くなっても安心・安全にホテルまで帰れます。

左／さっくりとしたクリスピーなクラストが特徴のピッツァ。『ラナイ・ベジィ・ピッツァ』20ドル（ハッピーアワーは15ドル）。右／『アウ（マカジキ）のカルパッチョ』18ドル。醤油とユズの風味でさっぱりと食べられる。

Mahina & Sun's
マヒナ&サンズ

［ワイキキ中心部］MAP: P139 エリア①
421 Lewers St., Honolulu
星野リゾート　ザ・フジャック ハワイ1階
TEL 808-924-5810
12:00 〜 22:00、ハッピーアワー 12:00 〜 17:30　無休
mahinaandsuns.com

ホテル宿泊者はディナーの飲食代が15％オフ！

ダイヤモンドヘッドが見える店内は、夕刻の時間が気持ちいい。

カナダ人シェフが腕を振るう
コンテンポラリー・ハワイ・キュージーヌ
アーデン・ワイキキ

ダイヤモンドヘッドから吹く風を感じながらディナーを楽しめるのが、2023年秋にオープンしたばかりの『アーデン・ワイキキ』です。レストランがあるのは、ワイキキの東のカピオラニ公園（P122）とカイマナビーチに挟まれたホテルの2階。このあたりには静かな環境を好んで滞在するリピーターが利用するこじんまりとしたホテルが多く、ここもその1軒です。

シェフのマコトさんは、寿司職人を父に持つ日系カナダ人で、バンクーバー、香港、北京などで料理の腕を磨いた経歴の持ち主。一方、パティシエのアマンダさんは、バンクーバーを中心に活躍し、マコトさんとともにハワイへ移住してきました。シェフとパティシエのカップルがタッグを組んだレストランには、ワードの『MWレストラン』がありますが、ふたりのハワイに対する思いがこもった料理により、その牙城に迫る勢いで人気が急上昇しています。

ロコに大人気の『キャベツのロースト』16ドル。

地元ハワイ産の食材を使ったコンテンポラリー・ハワイ・キュイジーヌがコンセプトの料理は、これまでのハワイにあるようでなかった新感覚のもの。例えば人気メニューのひとつ『キャベツのロースト』は、こんがり焼いたキャベツに天かすとイクラ、マヨネーズをトッピングし、その味をひと言で表現する

『ブラッセル・スプラウト・ロースト』10ドルは、芽キャベツをシンプルにローストした料理。

ワイキキの喧騒を逃れ、ゆったりとした店内で食事ができる。

なら"お好み焼き"。芽キャベツを使った『ブラッセル・スプラウト・ロースト』、コリアンダーとシソ風味のラムチョップ『ラム・ロリポップ』は、素材そのものの旨みを生かしたシンプルな味つけです。

この店のハッピーアワーは、"ハピエストアワー"という名称。ハウスワインやカクテル、ビールが50%オフになり、ププ（前菜）メニューも6ドルから。ワイキキの中心からは徒歩で15〜20分。行きは散歩がてらぶらぶら歩いて、帰りはタクシーかUberを利用するのがおすすめです。

マウイ島のシカ肉は今、ハワイで注目の食材のひとつ。『マウイ・ヌイ・ベニソンのタルタル』28ドルはクセがなく、アヒ（マグロ）のような味わい。

デザートにはアイスクリームをメレンゲ生地で包んだ、『ベイクドハワイ』を。

Arden Waikiki
アーデン・ワイキキ

［ダイヤモンドヘッド］ MAP: P139 エリア②
2885 Kalakaua Ave., Honolulu
ロータス・ホノルル・アット・ダイヤモンドヘッド2階
TEL 808-791-5151
17:00 〜 21:00、ハピエストアワー 17:00 〜 18:00　無休
www.ardenwaikiki.com

ロコも絶賛するカイムキの人気店で
プリフィクス・スタイルのディナーを

ミロ・カイムキ

活気がある店は確実に美味しい！

　ホノルルのグルメタウン、カイムキ（P68）で、なかなか予約が取れないほどの賑わいを見せているのが『ミロ・カイムキ』です。ここにはかつて、南フランスで修業を積んだ日本人シェフが腕を振るうフレンチ・ビストロがありました。何度も通うお気に入りの店だったのですが、シェフが日本に帰ってしまいクローズ。残念に思っていたところに、新店をオープンしたのが、地元カイムキ出身のクリス・カジオカさん。ローカルタウンからハワイの食を発信する、若手シェフのホープです。

毎月、内容がが変わるプリフィクス・スタイルのディナー100ドルの一例。

　彼が料理に興味を持ち始めたのは5歳のころ。ハイスクール時代にはホノルルの有名レストランでアルバイトをし、卒業後は"食のハーバード"と呼ばれるメインランドの料理学校で学び、ミシュランレストランで修業。「生まれ育った土地でフードとカルチャーが融合した料理を提供したい」と、ハワイに帰って来た

Step 5 Delicious Spot

ワインペアリングのほか、カクテルのペアリング60ドルも。

のだそうです。

　数年前、クリスさんがこの店をオープンする前のこと、日本で催されたイベントで彼の料理を味わったことがあり、ハワイでまた再会できることを期待していました。パンデミック後の初ハワイで味わった彼の料理は、期待以上。なかでも魚介や野菜の熱の入れ方が絶妙です。ハワイの食材とともに、枝豆、シソ、ユズといった日本人になじみの深い食材も取り入れていて、とても親しみもが持てる味になっています。

　メニューは5品からなる月替わりのプリフィクス・スタイルで、ワインペアリングもご用意。カウンター席ではスタッフがおしゃべりの相手をしてくれるから、おひとりディナーも寂しくなる心配はありません。

　カジュアルよりちょっとおしゃれだけど、高級過ぎないのもいい。コースでディナーを料理を味わいたいときにイチ押しの店。早めの予約が必須で、公式サイトから時間と席を指定することができます。

ディナーもブランチも要予約。ソロ旅ディナーには、カウンター席（Bar）がおすすめ。

Miro Kaimuki
ミロ・カイムキ

［カイムキ］MAP: P139 エリア②
3446 Waialae Ave., Honolulu
TEL 808-379-0124
17:00 〜 21:00、
サンデーブランチ9:30 〜 12:30
火曜休
www.mirokaimuki.com

ワインペアリングは50ドル、プレミアムワインのペアリングは75ドル。

ソロ旅のお役立ちコラム

Column 4

ハワイのトイレ事情と
もしも！のときのために知っておきたいこと

困りごとのほとんどを自力で解決しなければならないソロ旅。いざというときの備えのために知っておきたいこと、知っておくとちょっと安心できることをご紹介します。

一気に普及したホテルのウォシュレット

　これまで海外旅行先で不便な思いをしていた人にとって朗報です。日本国内で普及率80％以上を誇る温水洗浄便座（ウォシュレット）をハワイでも導入するホテルが増えています。リノベーションしたばかりのホテルなら、かなりの高確率であると思って間違いありません。

　ただ、これまで比較的オープンだった宿泊ゲスト以外の利用が、少々不便になったところも。小規模なホテルやブティックホテルでは、ロビーフロアでもルームキーがないと利用できないところが増えてきました。
『アラモアナセンター』『ロイヤル・ハワイアン・センター』『ワイキキ・ビーチウォーク』などのショッピングモールのトイレは、少々わかりにくい場所にあるのが難点。アラモアナセンターなら、高級デパートの『ニーマン・マーカス』や『ノードストローム』のトイレが広くてきれい。歩き疲れた足を伸ばしてくつろげるソファもあります。

高級ホテルのトイレなら、きれいで安心して利用できる。

スモールタウンとビーチのトイレ事情

　カイルア、ハレイワなどの小さなカフェなど専用トイレがない店では、お店の人から鍵を借りて共用のトイレを利用することになります。「ここは清潔そうだな」と思う店に入ったら、早めに済ませておく方が安心。ちなみに、ハレイワの『ノースショア・マーケットプレイス』（P74）内のトイレは、鍵が必要なく、まあまあきれい。安心して利用できます。

　ビーチや公園内のトレイの場合、場所によってはペーパーがなかったり、シャワー室と共用のため床がビショビショのことがあるので注意しましょう。

ハワイで女性は『WAHINE（ワヒネ）』、男性は『KANE（カネ）』。ハワイ語表示だけの場合もあるので、覚えておきたい。

ケガをしたり、病気になったらどうする？

旅先でのケガや病気に備え、海外旅行傷害保険の加入が必須であることはいうまでもありません。救急車を呼ぶほどではないけれど、体調不良やケガをしたときのために知っておくと安心なのが、『シェラトン・ワイキキ』内にあるクリニック『ドクター・オン・コール（Straub Doctors on Call）』。予約不要のうえ、日本語を話すスタッフが常駐。海外旅行障害保険に対応し、レントゲン検査や薬の処方、軽いケガの応急処置のほか、重症の場合は関連の専門病院を紹介してくれます。

『シェラトン・ワイキキ』のエントランス右側階にある『ドクター・オン・コール』。

とはいえ、お世話にならないに越したことはありません。ドクターによると、受診に訪れるツーリストの三大症状が、風邪、胃腸炎、日焼けによるサンバーン。冬はインフルエンザも多いとのこと。常備薬があれば持参し、出発の2週間前を目安に、インフルエンザのワクチン接種も受けておくと予防効果を期待できるそうです。

ドクター・オン・コール （Straub Doctors on Call）
➡ www.hawaiipacifichealth.org/straub/patient-visitors/doctors-on-call-japanese

TEL 808-923-9966（日本語OK、10:00 〜 20:00）

緊 急 時 の 情 報 収 集 と 連 絡 先	
たびレジ （外務省海外安全情報 無料配信サービス）	www.ezairyu.mofa.go.jp/tabireg/index.html
在ホノルル日本国総領事館	www.honolulu.us.emb-japan.go.jp/itprtop_en/index.html
警察・救急・消防	TEL 911
ホノルル警察	TEL 808-529-3111
ワイキキ交番	TEL 808-529-3801

Step 6

Relaxation Spot

心ゆくまで過ごしたい、
癒されスポット

とにかく癒されたいから、ワガママに 場所も時間もマイペースを貫くべし！

☆

　ルールと大人としてのマナーをきちんと守っていれば、誰にも気兼ねする必要がないソロ旅。旅のスタイルは人それぞれですが、多くの人に共通しているのが「ハワイで癒されたい」ということではないでしょうか。

　最後のSTEPでは、私自身がお気に入りの"癒されスポット"を紹介します。意外に無料で過ごせる場所が多いことがおわかりいただけるでしょう。公園やショッピングセンターのほか、ピンクパレスのニックネームをもつ『ロイヤル ハワイアン』や、『モアナサーフライダー』のふたつのホテルには、気持ちのいいソファやベンチがあって、宿泊していなくても自由に過ごせます。町歩きやショッピングの合間に立ち寄ったり、ホテルのチェックイン前、アウト後のちょっと中途半端な時間を過ごすのにも便利です。

　水着を着てビーチに出かけなくても、ホテルの部屋で終日過ごしても、ネコカフェに入り浸っても、本人が気持ちよければそれでいいんです。私も、なんにもしないでぼんやりしていたら、1日過ぎてしまった…ということが時々あります。

　ハワイは風と空気がとても心地いい場所。その空気に包まれるだけで癒されるから、早朝と夕刻の散歩はぜひともしてみてください。季節やお天気、時間帯によって見えるものが違ってきて、そこから自分だけの癒されスポットが見つかるかもしれません。

入り浸りにご注意！
癒しのモフモフスポット
キャットカフェ・モフ

　自他ともに認めるネコストーカーです。近所のイケニャンの出没タイムを狙って散歩に出掛け、旅先でもネコがいそうな路地を見つけてストーキングするのが密かな楽しみ。ハワイでは、キングストリートにある保護施設や、カイムキ（P68）のキャットカフェをのぞいたりしていますが、どちらもワイキキからは少し距離があるのが難点。その点、ここはワイキキのどまんなか。ネコビタミンが足りなくなってきたと感じたら、すぐにモフモフタイムにありつけます。

　『MOFF』は、日本全国に30店舗以上を運営するキャットカフェ。インターナショナル・マーケットプレイスには2023年9月、海外第1号店としてオープンし、現在ハワイに3店舗を展開しています。迎えてくれる約20匹のニャンコたちは健康管理され清潔な環境で育つ元気なコたち。その日の体調やご機嫌に合わせ、一緒に遊ぶときの注意事項が首輪でわかるようになっています。追いかけていって抱っこする

種類や個性が異なるニャンが約20匹。専門知識が豊富なプロの飼育員が常駐し、体調を管理。店内は、写真撮影、ビデオ撮影OK（ただし、フラッシュは禁止）。

1日2回の「カウカウタイム」を狙って訪れると、勢ぞろいする姿を眺められる。

Step 6 Relaxation Spot

のはNGなのですが、ニャンコのほうから膝にのってくるのは問題ありません。毎日、正午と17時からカウカウ（ハワイ語で食事の意味）タイムがあり、勢ぞろいする風景を楽しめます。

ネコ好きにとって、ここはパラダイス。愛想を振りまきながらすり寄ってくるコもいれば、ツンデレ、隅っこでいじけていたり、キャットタワーの上やソファの下に隠れて昼寝を決め込むコも。ちょっ

と30分のつもりで訪れたら、いつの間にか1時間半以上ネコまみれになっていました。「回数券や、1週間フリーパスがあればいいのに…」と思ったものの、そうなるとハワイでビーチよりネコカフェに入り浸ってしまいそうで危険。このくらいがちょうどいいのかもしれません。ついつい撮りまくってしまうので、スマホのバッテリー切れに注意！

Cat Café MOFF
キャットカフェ・モフ

［ワイキキ中部］MAP：P139 エリア①
2330 Kalakaua Ave., Honolulu
（インターナショナル・マーケットプレイス2F）
TEL 808-808-2044
10:00 〜 20:00（最終入店19:30）　無休
料金：30分23ドル、1時間28ドル
（ワンドリンク付き）
moff-usa.com

アラモアナセンターに、15匹以上のニャンコと触れ合える新店舗がオープン。

デューク像とワイキキビーチを一望する特等席でスパタイム
ナ ホオラ スパ

トリートメントルームは全部で15室。人気のスパなので、旅の予定が決まったらなるべく早く、予約を。

　慢性的な肩凝りが悩みのため、日本ではもっぱら整体院通いが習慣。でも、海外ではできる限り滞在中に一度はスパで、ちょっと贅沢な気分を味わうことにしています。

　ハワイのスパでは、メイクも日焼け止めも落としてリラックスしたいから、滞在ホテルから近いに越したことことはありません。さらに、海が見えれば申し分なし。その条件にぴったり当てはまるのが、デューク像の目の前に立つホテル内にあるこのスパ。

　スパ・プログラムは、ハワイ古来の文化や哲学、ヒーリングを通して心と体にアプローチする内容。フェイシャル、ボディスクラブ＆ボディラップ、マッサージなど全身をケアするさまざまなメニューがそろっています。部位やお悩み別、日焼け後のお肌のケア、ロミロミやハワイアン・ホットストーンなどから選ぶこともできます。

ワイキキでも数少ない、オーシャンフロントのスパ。ワイキキビーチを眺めながら、トリートメントの余韻に浸る至福の時間を。

私がリクエストしたのは、ボディスクラブで全身の角質を除去した後、ハワイ伝統のロミロミでじっくりほぐす『ボディスクラブ＆マッサージ』。古くなった角質や毛穴の不純物を

ドリンクが用意されたラウンジが2フロアにあり、トリートメントの前後は、時間制限なく利用できる。

取り除いてからマッサージを行うので、オイルの成分がしっかり吸収され、マッサージ効果がアップするのだとか。好みによって手技をカスタマイズできると聞き、コリに悩んでいる首と肩を重点的にほぐしてもらいました。腕や足、普段のバスタイムでは手が届きにくい背中も、スクラブでスッキリとあか抜けた気分です。

トリートメント効果をより高めるためには、好みとともにその日の体調を遠慮なく伝えること。機内での疲れと時差ボケ解消には到着日の施術がおすすめですが、帰りのフライトが夕方近くの場合、最終日の午前中に施術を受けると機内でぐっすり眠れ、旅の疲れが残りにくくなりますよ。

施術に使ったスパプロダクトを購入できる。

Na Ho'ola Spa
ナ ホオラ スパ

［ワイキキ中心部］MAP: P139 エリア①
2424 Kalakaua Ave., Honolulu
（ハイアット リージェンシー ワイキキ ビーチ リゾート ＆ スパ内）
TEL 808-237-6330
9:00 〜 17:00　無休
料金：ナ ホオラ ロミロミ（50分）210ドル、ククイ カスタム（フェイシャルトリートメント）（50分）195ドルほか
www.hyatt.com/ja-JP/spas/Na-HoOla-Spa/home

ネットでの予約や問い合わせは日本語でOK。

リラクゼーションルームも、ジャグジーも、海風が心地よいオープンエア。

波の音に癒されて
スパタイムを過ごすなら

モアナ ラニ スパ
～ヘブンリー スパ バイ ウェスティン～

ワイキキのなかで一番海に近いスパは、モアナ サーフライダー内の『モアナ ラニ スパ』。オーシャンフロントにあり、しかも窓が解放されたスパはワイキキではここしかありません。トリートメントの予約があればスパ施設を時間制限なく使えるのも魅力です。

ワイキキで唯一、オーシャンフロントのスパ。ビーチからの風が流れ込むトリートメントルーム。

オープンエアのリラクゼーションルームでは、フルーツやハーブウォーターを楽しみながら、ワイキキビーチを眺められます。波の音に交じって聞こえてくるビーチのさざめきを聴きながらまどろんだり、海とダイヤモンドヘッドに向かって窓が開け放たれたジャグジーに浸かってくつろぐのはとても贅沢な時間。ジャグジーは男女別ですが、水着着用がマストとなっています。紙のショーツ&ブラも用意されているけれど、ゆるゆる、ぶかぶかのなんとも頼りないもののため、リラックスできません。自身の水着を忘れず持参しましょう。

Moana Lani Spa, a Heavenly Spa by Westin
モアナ ラニ スパ ～ヘブンリー スパ バイ ウェスティン～

[ワイキキ中心部] MAP: P139 エリア①
2365 Kalakaua Ave., Honolulu
(モアナ サーフライダー
ウェスティンリゾート&スパ2F)
TEL 808-237-2535
9:00 ～ 18:00　無休
料金：シグネチャーマッサージ (50分) 190ドル、
ロミ・ホオキパ (50分) 200ドルほか
www.moanalanispa.com/jp

『ザ・ベランダ』のアフタヌーンティーを組み合わせたプランあり。

マッサージ+女子トークが楽しい
ワイキキの隠れ家サロン
ルアナワイキキ
ハワイアン ロミロミ マッサージ&スパ

こじんまりとしたトリートメントルームが落ち着く。

　カラカウア通りに面して、青い屋根がひときわ目立つルイ・ヴィトンの建物とDFSの間に、小さなドアがあります。ここがワイキキの隠れ家サロンとして評判の『ルアナワイキキ』への入り口。「アロハ！ようこそ、ルアナへ」と、とびっきりの笑顔で迎えてくれるのが、オーナーでセラピストの美千子さんです。

　小物がたくさん並んだギフトコーナーと、こじんまりとしたトリートメントルームが、親しい友人のお宅に招かれたみたいでくつろげます。フットバスで歩き疲れた足を温めながら、アロマの香りをセレクト。私はこのサロンで一番人気の『ロミ&リンパマッサージ』のコースをリクエストしました。90分間じっくりもみほぐしてもらったら、溜まりに溜まった疲れと毒素が抜け落ちたよう。

　このサロン、スタッフはすべて日本人女性。セラピストとしての技術の確かさに加え、トークもめちゃくちゃ楽しいのです。恋バナ&人生相談、ハワイの最新情報も教えてもらえますよ。

すべてのコースがフットバス付き。スパアイテムは無農薬、自然素材から作られたものを使用。

Luana Waikiki
Hawaiian Lomi Lomi Massage & Spa
ルアナワイキキ　ハワイアン ロミロミ マッサージ&スパ

［ワイキキ中心部］MAP: P139 エリア①
2222 Kalakaua Ave., Honolulu（ギャラリアタワー 7F）
TEL 808-926-7773
9:00 〜 18:00（最終受付17:00）
無休　※土・日曜は予約のみ
料金：ロミロミマッサージ（60分）105ドル〜、
フェイス&スカルプマッサージ（60分）120ドルほか
luana-waikiki.com

平日の9〜13時は全メニュー10ドルオフ。

ダイヤモンドヘッドを眺めながら
くつろげるオアシス

カピオラニ公園

カラカウア通りから続く海沿いの遊歩道。
公園の外周は約3km。のんびり歩く朝
散歩にちょうどいい距離。

　ダイヤモンドヘッドの麓に広がるカピオラニ公園は、オアフ島でいちばん大きい公園で、ワイキキから最も近いホノルル市民のオアシス。『イオラニ宮殿』（P46）を建設したカラカウア王の時代に造られ、公園の名前は王の愛する妻、カピオラニ王妃にちなんでいます。芝生の広場や海沿いの遊歩道、野外音楽堂や小島が浮かぶ池などさまざまな環境があり、思い思いの場所で過ごせます。

　ここはなんといっても、朝散歩が気持ちいい。ダイヤモンドヘッドを一望できる芝生の広場がよく知られていますが、カラカウア通りから続く海沿いの遊歩道もぜひ歩いてください。ビーチヨガを楽しむ人や、途中のベンチでくつろぐ人の姿を見るだけで気分がよくなり、すれ違う人と自然に挨拶を交わしている自分に気づきます。フェンス越

ダイヤモンドヘッドを一望できるベンチで、おひとりピクニックタイムを。

Step 6 Relaxation Spot

しに『ワイキキ水族館』のバック
ヤードをのぞくのも楽しいし、砂
浜に降りて夜の冷たさの残る波打
ち際に足先を浸すのも気持ちいい。
早朝にハワイアン・モンクシール
やホヌがひょっこり現れることも
あり、そんな光景に出合えたら一
日中ハッピーな気分で過ごせます。
早朝から営業しているカフェは、
ブレイク＆ブレックファストタイ
ムに利用できます。

　公園の周りを囲むように植えら
れているのが、ホノルル市の樹に
認定されているシャワーツリー。

王妃の名のカピオラニには、"天国の
アーチ"の意味があるのだそう。

黄色い花を付ける樹はゴールデンシャワー、ピンクやオレンジが混ざ

ったものはレインボーシャワーと呼ばれ、
春と秋の2回、満開を迎えます。もっとも
美しいのはお天気が安定している5〜7月。
風が吹くとその名のとおり、日差しにキラ
キラと輝く花びらがシャワーのように降り
注ぎます。その下で過ごす時間が、最高の
癒しになるはずです。

花びらが降り注ぐ様子も
美しいシャワーツリー。

Kapiolani Park
カピオラニ公園

[ダイヤモンドヘッド]
MAP: P139 エリア②
3840 Paki Ave., Honolulu

日曜から木曜の朝は、
無料のフラショー
『キロハナ・フラショー』(P66)へ。

123

『ハレクラニ』の地下から湧く真水と海水が混ざり合う場所。

ハワイのマナを感じる
癒しの海でデトックス
カヴェヘヴェヘ

　ワイキキの西側、『ハレクラニ』前のビーチをホテルの上層階から眺めると、沖に向かってひと筋、淡いブルーに見える箇所があります。ここがハワイアンが"癒しの海"として崇める『カヴェヘヴェヘ』。海や山、植物や石に至るまで、自然界のすべてのものに"マナ（＝霊力）"が宿ると信じられてきたハワイで、古代から強いパワーがみなぎるとされる場所です。

『カヴェヘヴェヘ』には、ハワイ語で"病気の除去"という意味があります。かつてハワイでは、過去に犯した罪が神や先祖の怒りを招き、病気を引き起こすと信じられていました。その懺悔のため海藻のレイを首にかけて海に入り、カフナと呼ばれる神官とともに許しを求め、病気やケガからの回復を祈ったのだそうです。

地下から湧き出した水が流れる部分だけサンゴ礁と藻が抜けて、砂の色が透けて見える。

　海に入ってみると、温かい海水に冷たい真水が混ざり合っているのがわかります。その流れに身を任せ浮かんでいると、邪悪な心とか、体のなかの悪いものが流されていくよう。古代ハワイアンもそんな気持ちでこの場所で祈りを捧げたのかもしれません。

Kawehewehe
カヴェヘヴェヘ

［ワイキキ中心部］MAP: P139 エリア①
Gray's Beach, Honolulu
（ハレクラニ前のグレイズビーチ）

ハレクラニとシェラトン・ワイキキとの間にある小径が近道。

ワイキキのまん中にある
王家ゆかりのヤシ園
ロイヤルグローブ

ワイキキを代表するショッピング＆ダイニングスポット、ロイヤル・ハワイアン・センターがある場所は、隣接するホテル『シェラトン・ワイキキ』『ザ・ロイヤル・ハワイアン』とともにその昔、王族が好んで暮らした土地でした。

かつては数千本のヤシの林に囲まれた場所だったそう。ヤシ園の広さが権力の大きさを表していたという。

この辺りに"ロイヤル"と名が付く施設が多いのは、王族ゆかりの土地だったことに由来します。

その名残りのヤシ園が、中庭のロイヤルグローブ。フラやハワイアン・ミュージックが披露されるステージの周りに、ヤシの木が優しい木陰を作っています。イベントタイム以外は、ステージがベンチ代わり。目の前にシェイブアイスのスタンドやコーヒーショップもいくつかあるので、テイクアウトしてこの辺りでくつろぐのがいいでしょう。ステージでは毎週火曜日の11〜12時に、フラレッスンが行われています。ギャラリーを決め込んで見学するのもよし、気が向いたら踊りの輪に加わるのもよし。無料＆予約不要なので、その日の気分次第で楽しんで。

火〜土曜の17:30から無料のステージイベントを開催。

The Royal Grove
ロイヤルグローブ

［ワイキキ中心部］ MAP: P139 エリア①
2201 Kalakaua Ave., Honolulu
（ロイヤル・ハワイアン・センター 1階B館とC館の間）
TEL 808-922-2299
jp.royalhawaiiancenter.com

ワイキキで
いちばん手軽な
休憩スポット。

心地よい風に吹かれながら
ロッキングチェアに揺られる
インターナショナル・マーケットプレイス

ウッドデッキに置かれたロッキングチェアでくつろいで。

　2010年のはじめごろまでワイキキに訪れていた人なら、カラカウアアヴェニューにあった屋台村を覚えているでしょうか。その跡地を整備し誕生したのが、『インターナショナル・マーケットプレイス』です。
　カラカウア・アヴェニューとクヒオ・アヴェニューの両方から入れるここは、海から山に風が吹き抜けて、空気の流れがとても気持ちいい場所。敷地内のあちこちにベンチがあり、2階と3階のウッドデッキにはロッキングチェアが置かれています。昼間の暑さをしのげるうえUSBポートを備えた場所もあり、スマホやWi-Fi機器のバッテリー不足の充電にも便利。
　ここは1950年代、テキサス生まれのアメリカ人、ドン・ビーチ氏がティキバーと呼ばれるレストランをオープンし、ワイキキ全盛時代の先駆けとなった場所。樹齢160年を超えるバニアンツリーは、当時からのシンボルとして残されています。

創業者のドン・ビーチ氏が暮らし、ラジオ局もあったツリーハウスは現在、資料館に。

International Market Place
インターナショナル・マーケットプレイス

[ワイキキ中心部] MAP: P139 エリア①
2330 Kalakaua Ave., Honolulu
TEL 808-931-6105
10:00〜21:00　無休
ja.shopinternationalmarketplace.com

ホテルのチェックインを
待つ間の
休憩スポットに。

王国時代の雰囲気に浸れる
太平洋のピンクパレス
ロイヤル ハワイアンのロビー

船旅の時代ののんびりとした気分を味わってみたい。

　1927年、アメリカ本土で高まるハワイ人気に呼応して、かつて王家のヤシ園があった場所にスパニッシュ・ムーア様式を用いたピンクのホテルが建てられました。客船上からは海の上に浮かぶ宮殿のように見えたことから、"太平洋のピンクパレス"の愛称で呼ばれるようになったのだそうです。

　ひとりで泊まるには贅沢過ぎる…。でも、王朝時代の雰囲気を残す

ここが、誰でも自由に使えるロビー脇のトイレ。

回廊を巡ったり、ロビーのソファでくつろぐのは宿泊しなくてもOK。特に王家のヤシ園の面影が残る中庭に面した回廊は、昼間は人が少なくて静か。近ごろはホテルのセキュリティが厳しくなり、ロビーのトイレも客室のカードキーがないと利用できないところが増えているのですが、ここはとてもオープンで自由に使えます。

　船旅の時代、何日も海だけを見続けてはるばるハワイまでやって来た旅人には、オーシャンビューより庭の緑を眺められるガーデンビューのほうが好まれたそう。そんな時代に思いを馳せながら過ごしてみてはいかがでしょうか。

**The Royal Hawaiian,
a Luxury Collection Resort, Waikiki**
ロイヤル ハワイアン、
ラグジュアリー コレクション リゾート、ワイキキ

［ワイキキ中心部］MAP: P139 エリア①
2259 Kalakaua Ave., Honolulu
TEL 808-923-7311
www.royal-hawaiian.jp

ベーカリーの
バナナブレッドは
おやつにおすすめ。

海中に戯れる魚たちや沖に浮かぶサーファーを眺める。

ワイキキビーチに架かる
虹を眺めるなら
カパフル防波堤

　ハワイの風景の象徴でもあるワイキキビーチは8カ所のエリアに分かれていて、それぞれ名前があります。ほぼ中央に位置し、デューク・カハナモク像からカピオラニ公園（P122）手前までがクヒオビーチ。アメリカの連邦議員を長く務め、ハワイアンの福利厚生の向上に尽力したクヒオ王子の所有地だった場所です。防波堤に囲まれたビーチは波がほとんどなく、天然のプールのよう。その東端、カパフル・アヴェニューとカラカウア・アヴェニューが交わるあたりから沖に突き出し、三角屋根を掲げた桟橋が『カパフル防波堤』です。

クヒオビーチに立つクヒオ王子の像。王の誕生日の3月26日はハワイの祝日。

　ロコボーイ＆ガールの格好の遊び場になっていて、週末や休日は桟橋から海にダイブする度胸試し大会が繰り広げられます。「NO DIVING！ NO JUMPING!（飛び込み禁止）」の大きなサインはあるのだけれど、子どもたちはお構いなし。サンセットを眺められる人気スポットなのですが、おすすめは朝。にわか雨が降った後にはビーチに架かる大きな虹を見られることがあります。

The Kapahulu Groin
カパフル防波堤

[ワイキキ中心部] MAP: P139 エリア①
204 Kapahulu Ave., Honolulu
6:00 〜 22:00

サンセットもいいけれど、
のんびり過ごすなら
午前中に。

Step 6 Relaxation Spot

カヌー見学も楽しい
プルメリアの小径

アラワイ運河／ワイキキ・カパフル図書館

山側に虹が掛かる夕方の散策がおすすめ。

　アラワイ運河沿いは散歩やランニングを楽しむ人やワンコ連れも多く、ロコの憩いの場。ここを歩くと、同じ水辺でもビーチとは水の匂いが違うことがわかります。こちらの方が空気がしっとりしていて、落ち着ける感じ。歩道にはところどころベンチがあり、プルメリアの木も。芝生に散らばった白い花から、きれいなものを集めればレイが作れます（注：摘み採りはNG！）。

　わずか200年前までワイキキ周辺は湿地帯で、日本の水田に似たタロイモ畑や、養魚池が広がっていました。埋め立てた造成地が現在のリゾートエリアであり、湧き出る水を海へ流すために造られたのが、このアラワイ運河です。

運河の基点近くにある図書館では、涼んだりトイレ休憩もOK。

　運河の基点は、ワイキキの東端・カパフル・アヴェニューとの交差点近くにあり、湿地帯だったころの面影をとどめています。一角にある『カパフル図書館』には誰でも入館でき、日本の小説や文庫本も少し。ここから運河を右手に眺めながら約3km歩くとアラワイ・ヨットハーバーに出ます。

Ala Wai Canal / Waikiki-Kapahulu Library
アラワイ運河／ワイキキ・カパフル図書館

［ワイキキ中心部］＆［カパフル］ MAP: P139 エリア①＆②
400 Kapahulu Ave., Honolulu（ワイキキ・カパフル図書館）
TEL 808-733-8488
9:00 〜 16:00（木曜12:00 〜 19:00、金曜11:00 〜 16:00）
日・月曜休
www.librarieshawaii.org/branch/waikiki-kapahulu-public-library

暗くなってから運河周辺のひとり歩きは避けたい。

日系移民の
　心のよりどころとなった場所
ハワイ出雲大社（出雲大社ハワイ分院）

御朱印は参拝した本人にだけ授けられる3ドル。

　島根県生まれの私にとって、出雲大社は特別な思い入れのある場所。その分院がハワイにあると聞けば、足を運ばないわけにはいきません。『ハワイ出雲大社』があるのは、"ホノルルの台所"と呼ばれるチャイナタウンからヌウアヌ川を渡ったところ。神社が開設されたのは1906（明治39）年。日系移民の心のよりどころとなりましたが、第二次世界大戦中は神殿を含むすべての財産が没収され、神職の身柄も拘束されたそうです。戦後、間もなく仮社殿が設けられたものの、社殿が返還されるまでには10年にも及ぶ法廷闘争があったのだとか。日系人にとって初詣の定番スポットであり、観光客も多く訪れる神社にはこんな歴史があったのです。

本殿で朝8時半から約10分間、行われる祈祷には誰でも参列できる。

　本殿では毎朝8時半から祈祷が執り行われ、誰でも参列できます。御朱印は1枚ずつ丁寧に手書きされるため20～30分待つこともありますが、境内の清々しい空気を吸いながら待つのもよし、ディープなチャイナタウンの朝散歩を楽しむもいいですよ。

Izumo Taishakyo Mission of Hawaii
ハワイ出雲大社（出雲大社ハワイ分院）

［チャイナタウン］ MAP: P139 エリア④
215 N. Kukui St., Honolulu
TEL 808-538-7778
8:30～17:00（社務所祈祷受付）
無休

二礼四拍手一礼が参拝の作法、お賽銭はドルで。

Step 6 Relaxation Spot

ハワイ留学気分に浸れる
あこがれのキャンパス
ハワイ大学マノアキャンパス

この階段に腰を下ろして、ハワイの大学生気分を味わって。

ロコたちが親しみを込めて"UH（ユーエイチ）"と呼ぶハワイ大学。有名な卒業生には、ホノルル国際空港の名称にもなっている、故ダニエル・イノウエ連邦上院議員のほか、元アメリカ大統領バラク・オバマ氏のご両親も。そのマノアキャンパスは、シャワーツリーやプルメリアの木々が茂る緑豊かな場所。学生でなくても出入り可能で、図書館の蔵書を閲覧したり、ブックストアやカフェテリアも利用できます。また時々、ファーマーズマーケットが開かれていることも。

本来、学生や教職員のための施設なので、図書館内では静かに。

今から10年以上前ですが、作家の村上春樹氏がここUHで客員教授を務め、定期的に講義が行われていた時期があります。当時の学生たちは氏の研究室を訪れ、ディスカッションする機会もあったというのですから、なんともうらやましい環境ではありませんか。

ワイキキからはザ・バスの13番に乗って約30分。広さは東京ドーム約28個分。日本庭園や韓国人建築家が設計したパビリオンなど、建築物の見どころにも事欠きません。

University of Hawaii at Manoa
ハワイ大学マノア校

［マノア］MAP: P139 エリア⑤
2500 Campus Rd., Honolulu
manoa.hawaii.edu

外国人が短期間通える英語教室あり。

131

建築物とともに内部も美しい
ハワイ初の州立図書館
ハワイ州立図書館

長期滞在の場合、登録カードを作れば資料の貸し出しもOK。

　国内でも海外でも、旅先で図書館を訪れるのが楽しみのひとつ。その土地に関する資料が充実しているし、静かでゆったり過ごせるのがよく、トイレ休憩に利用できるのも助かります。

　ハワイ初の公共図書館であり、中心的存在となっているのが、ダウンタウンにある『ハワイ州立図書館』。建物は1911年の建築で、1913年から図書館として使われています。吹き抜けになっているメインロビーの天窓、中央のコートヤードも美しく、ダウンタウン散策の折にはぜひとも訪れてみたいところ。特に午前中は、白亜の建物と緑の芝生のコントラストが際立ち、澄んだ空気の中で気持ちよく過ごせます。

天窓から自然光が差し込むメインロビーは解放感いっぱい。

　ハワイの自然や歴史に関する書籍はもちろん、日本語のマンガや児童書のコーナーも。書籍とともに、CDやDVDの閲覧も自由にできます。また、絵本の読み聞かせ、レイ作りのワークショップ、写真展などの催しも行われているので、イベントカレンダーをチェックして訪れるといいですよ。

Hawaii State Library
ハワイ州立図書館

[ダウンタウン] MAP: P139 エリア④
478 S. King St., Honolulu
TEL 808-586-3500
9:00 〜 16:00（木曜12:00 〜 19:00、金曜11:00 〜）日曜休
www.librarieshawaii.org/branch/hawaii-state-library

イオラニ宮殿の隣りの白亜の建物。

Step6　Relaxation Spot

赤い花で知られているオヒアレフア。黄色は珍しい。

ハワイ固有の植物をじっくり
観察できる植物園
ライオン植物園

　雨が豊富なハワイは、じつは森もとても美しいのです。ハイキングコースでよく知られているマノア滝トレイルに隣接してある『ライオン植物園』は、ハワイ大学が管理・運営する施設。ハワイの固有種をはじめとした稀少な植物を保護しています。

　8000種類以上の熱帯や亜熱帯の植物が茂る園内では、自然散策しながら植物観察を楽しめます。森の中に小さなトレイルが複雑に張り巡らされていますが、トレイルガイドと番号標識に沿って歩けば迷子になる心配はありません。

　なかでもハワイアンセクションは必見。香りのいいホワイトジンジャー、さまざまな種類のハイビスカスや、珍しい黄色のオヒアレフアも。

　歩くのが好きという人は、トレイル終点にあるアイフアラマ滝を目指してみてください。全長約3.5kmのコースは、花々を愛でながらのんびり歩いて2時間ほど。空気がしっとりした早朝が気持ちいいです。アラモアナセンターからザ・バスの5番に乗り、終点で降りて徒歩10分ほどの場所です。

マノア渓谷の緑濃い場所。雨上がりも気持ちいい！

Lyon Arboretum
ライオン植物園

［マノア］MAP: P139 エリア⑤
3860 Manoa Rd., Honolulu
TEL 808-988-0456
9:00 〜 15:00　土曜・日曜休
入園無料（任意の寄付を）
manoa.hawaii.edu/lyon

蚊の出没スポットあり。虫よけを忘れずに！

133

ソロ旅のお役立ちコラム

Column 5

大切なお金、両替はどこでする？
ハワイで買う価値あるものとは？

物価高に加え、お財布に厳しいのがこのところの円安。限られた予算を大切に使い、でもケチケチしないでかけるところにはしっかりかけて、ソロ旅を楽しみたい。そのための為替対策と、おすすめのお買い物スポットを紹介します。

両替は最小限に、
リアルタイムに為替が反映されるカード払いが〇

　パンデミック（コロナ禍）後、ハワイでもキャッシュレスのお店が急増中。手数料を払って両替するより、なるべくクレジットカードで支払った方がお得です。キャッシュが必要なのは、ホテルのベルボーイやルームメイドへのチップ、プリペイドカードの『HOLO』がない場合のザ・バス（P38）乗車時くらい。また、プレートランチ店ではたまにカードが使えない店があり、ファーマーズマーケットや少額の支払いの場合もキャッシュのほうが早いです。

　両替のレートは日本の空港よりワイキキの街なかの両替所のほうがよいため、出発前の両替は最小限に。空港からワイキキのホテルまでのシャトルバス運賃はカード決済できるので、ワイキキに着くまで、もし現金がなくても問題ありません。

　空港やホテル、ショッピングセンターには、カードでドルが引き出せるATMが設置されています。1回に引き出せる金額の上限は500ドルのところが多く、金額に関わらず4.50〜5ドルの手数料が発生します。そのため、少額を何度も引き出すのは手数料の無駄払い。また、キャッシング扱いになるため、利息が発生します。利用明細をチェックして、利息金額によっては帰国後、繰り上げ返済することをおすすめします。

ほとんどのATMは24時間利用できる。ホテル内など、周囲が安全な場所を選んで利用したい。

今、ハワイで買いたいものとは？

　私が、「ハワイで買う」と決めているのが、水着。モンサラット・アヴェニューにある『プアラニ・ハワイ・ビーチウェア』の水着は、波にもまれてもずれにくいうえ、オーナーがきちんとフィッティングのアドバイスをしてくれるので、長く使えます。ハワイ店限定のデザインを手に入れるなら別として、ブランドショッピングのうまみはなさそう。ハワイでしか手に入らないローカルブランドや、ロコアーティストの作品、ハンドメイドのアクセサリーなどのほうがおすすめ。ロコのアート作品を多く紹介しているのが、ハレイワ（P74）の『グリーンルーム』。古着やアンティークのフラドールを探すなら、セレクトショップの『ナンバー808』へ。思いがけない掘り出し物が見つかることがあります。ワイキキから近いところでは、グルメタウンのカイムキ（P68）も、ショッピングが楽しいところ。サステイナブルにこだわったセレクトショップが多いことも特徴で、カフェを併設するお店もあります。

水着は現地調達がおすすめ。『プアラニ・ハワイ・ビーチウェア』なら、ぴったりの1着が見つかる。

オールドハワイを感じさせるアイテムが豊富なハレイワの『ナンバー 808』。

スーパーマーケットのススメ

　ハワイらしくて手ごろな価格のお土産を見つけるなら、スーパーマーケットへ。多民族が暮らすハワイのスーパーは、アメリカ系、ローカル系、日系をはじめとしたアジア系などがあり、それぞれ品ぞろえが異なります。また、ナチュラル＆オーガニックスーパーとしておなじみの、『ホールフーズ・マーケット』『ダウン・トゥ・アース』は、店舗によって雰囲気と商品構成が違うので、比べてみるのも楽しいです。

　日本に持ち帰れる調味料やスナックをいろいろ買ってみて、10年以上ずっとリピートしているのが、『バターモチミックス』と『ソーダクラッカー』。どちらもローカルに親しまれている商品で、バターモチミックスはバターと卵を加えて焼くだけで、ハワイで人気のおやつ、バターモチを作れます。ソーダクラッカーはいくつかのブランドがあるなか、お気に入りは『ダイヤモンド・ベーカリー』のもの。とてもシンプルなクラッカーですが飽きがこず、チーズとの相性が抜群です。

同じ商品でもスーパーのほうがコンビニや土産物店より価格は安め。

自宅用に必ず買って帰る、『バターモチミックス』と『ソーダクラッカー』。

= ソロ旅のお役立ちコラム =

ファーマーズマーケットは、
もうひとつのお買い物スポット

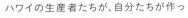

土曜の朝のプランに加えたい、ファーマーズマーケット巡り。

　ハワイの生産者たちが、自分たちが作った農産物や加工品を販売するのがファーマーズマーケット。観光スポット化した大規模なものから小さなマーケットまで、毎日どこかで開かれています。農園や牧場のスタッフ自ら販売していることもあり、実際に作った人とコミュニケーションを取りながらお買い物ができる貴重な場所。日本へは持ち帰れないけれど、フレッシュな野菜、色とりどりのフルーツを眺めて歩くだけで楽しくなってきます。

人気レストランのブースもあり、お店よりリーズナブルに味わえる。

オアフ島のファーマーズマーケットカレンダー		
月・水曜 16:00～20:00 ワイキキ	名称	ワイキキ・ファーマーズマーケット Waikiki Farmers Market
	場所	ハイアットリージェンシーワイキキビーチリゾート＆スパ1階のアトリウム　[ワイキキ中心部] MAP: P139エリア①
火・木・日曜 7:00～14:00 マノア	名称	マノア・ファーマーズマーケット Manoa Farmers Market
	場所	マノア・マーケットプレイスの駐車場 [マノア] MAP: P139エリア⑤
火・金曜 7:00～13:30 ダウンタウン	名称	フォート・ストリート・モール・オープンマーケット Fort Street Mall Open Market
	場所	フォートストリート・モール（Fort Street Mall） [ダウンタウン] MAP: P139エリア④
木曜 16:00～19:00 カイルア	名称	カイルア・サーズデーナイト・ファーマーズマーケット Kailua Thursday Night Farmers' Market
	場所	カイルア・タウンセンターの駐車場 [カイルア] MAP: P139エリア⑥
土曜 7:30～11:00 ダイヤモンドヘッド	名称	サタデー・ファーマーズマーケットKCC Saturday Farmers' Market KCC
	場所	カピオラニ・コミュニティ・カレッジ敷地内 [ダイヤモンドヘッド] MAP: P139エリア②
土曜 8:00～12:00 カカアコ	名称	カカアコ・ファーマーズマーケット Kakaako Farmers Market
	場所	アラモアナ・ブルバードとイラロ・ストリートの交差点（919 Ala Moana Blvd.）　[カカアコ] MAP: P139エリア③

おわりに
ソロ旅HAWAIIを知れば、旅がもっと楽しくなる！

　日本中、世界中に大好きな場所はたくさんあるけれど、な〜んにもしないでただ風に吹かれているだけで幸せな気持ちになれるのが、私にとってのハワイ。同じビーチや公園を毎日散歩していても、季節や天気、時間帯によって見えてくる景色が変わり、飽きるということがありません。気が向けばビーチへ行って泳ぎ、ぶらぶら町歩きをしたり、美術館を巡ったりもするし、たまにはちょっといいレストランに美味しいものを食べに行くこともあります。それらをぜ〜んぶ、マイペースで過ごせるから、私はソロ旅が好きなんです。

　とはいえ、ソロ旅ばかりしていると、過ごし方がワンパターンになってしまうことも事実。気の合う友達と一緒の旅はやっぱり楽しいし、今まで何度もハワイを訪れていて気づかなかったことや、ひとりでは絶対にしないようなことにチャレンジして、その喜びを分かち合えるのは同行者がいればこそなんですよね。

　別の場所へ旅して、「でもやっぱり、ここがいいな」と実感して帰ってくる。賑やかな旅も、ひとりの旅も楽しい、ハワイはそんな場所。ソロ旅HAWAIIを経験すると、旅の選択肢が増えて、ハワイがもっと好きになります。この本が、そんな旅好き、ハワイ好きの方たちのお役に立てたらうれしいです。

2024年8月
カイムキにて
永田さち子

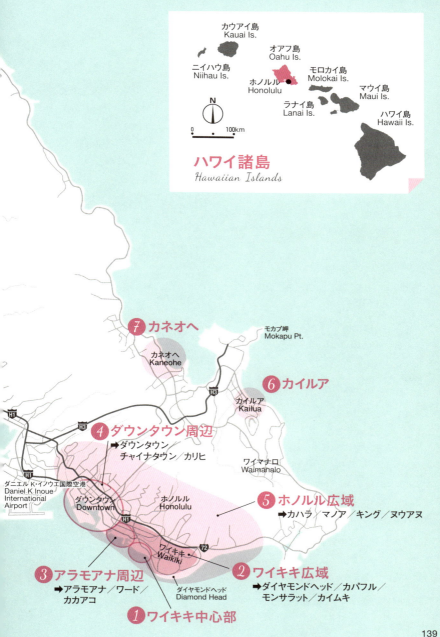

INDEX

Ⓗ…ホテル
Ⓜ…ミュージアム & 歴史スポット
Ⓐ…アクティビティ &
　　リラクゼーションスポット
Ⓓ…レストラン、カフェ & ダイニング
Ⓢ…ショップ & マーケット
Ⓞ…お役立ち

ア

Ⓓ **アーデン・ワイキキ**
Arden Waikiki……109

Ⓓ **アイランド・ヴィンテージ・ワインバー**
Island Vintage Wine Bar……101

Ⓗ **アウトリガー・ワイキキ・
ビーチコマー・ホテル**
Outrigger Waikiki
Beachcomber Hotel……32

Ⓐ **アラワイ運河**
Ala Wai Canal……129

Ⓗ **アロハ マイ ホーム**
Aloha My Home……35

Ⓜ **イオラニ宮殿**　Iolani Palace……47

Ⓐ **インターナショナル・マーケットプレイス**
International Market Place……126

Ⓓ **ウルフギャング・ステーキハウス**
Wolfgang's Steakhouse Waikiki……83

Ⓞ **エスタ**（電子渡航認証システム）
ESTA……15

Ⓓ **エルビー・カフェ**　LB Café……89

Ⓞ **オープンテーブル**　OpenTable……91

カ

Ⓐ **カーサ・デラ・ドルチェ・ヴィータの
料理教室**
Cooking Class at
Casa Della Dolce Vita……67

Ⓓ **カイマナ・ファーム・カフェ**
Kaimana Farm Cafe……85

Ⓐ **カイムキ**　Kaimuki……69

Ⓐ **カイルア**　Kailua……73

Ⓢ **カイルア・サーズデーナイト・
ファーマーズマーケット**
Kailua Thursday Night
Farmers' Market……136

Ⓐ **カヴェヘヴェヘ**　Kawehewehe……124

Ⓢ **カカアコ・ファーマーズマーケット**
Kakaako Farmers Market……136

Ⓐ **カパフル防波堤**
Kapahulu Groin……128

Ⓐ **カピオラニ公園**　Kapiolani Park……123

Ⓐ **キャットカフェ・モフ**
Cat Café MOFF……117

Ⓜ **キャピトル・モダン**
Capitol Modern……51

Ⓐ **キロハナ・フラショー**
Kilohana Hula Show……66

Ⓜ **クイーン・エマ・サマーパレス**
Queen Emma Summer Palace……52

Ⓗ **クイーン・カピオラニ・ホテル**
Queen Kapiolani Hotel……32

Ⓗ **ココナッツ・ワイキキ・ホテル**
Coconut Waikiki Hotel……33

140

サ

Ⓗ ザ・カハラ・ホテル＆リゾート
The Kahala Hotel ＆ Resort……37

Ⓞ ザ・バス　TheBus……38

Ⓓ ザ・ピッグ＆ザ・レディー
The Pig ＆ The Lady……103

Ⓢ サタデー・ファーマーズマーケットKCC
Saturday Farmers' Market
KCC……136

Ⓗ シェラトン・プリンセス・カイウラニ
Sheraton Princess Kaiulani……27

Ⓜ シャングリ ラ　Shangri La……43

Ⓓ ストレイツ　Straits……93

Ⓓ スプラッシュ・バー
Splash Bar……102

タ

Ⓐ ダイヤモンドヘッド
Diamond Head……57

Ⓐ ダウンタウン　Downtown……71

Ⓓ ディーン＆デルーカ ハワイ
DEAN ＆ DELUCA HAWAII……95

Ⓓ デック　DECK.……81

Ⓐ 天国の海® カネオヘサンドバー
Tengoku no Umi
Kaneohe Sandbar……64

Ⓞ ドクター・オン・コール
Straub Doctors on call……113

Ⓓ ドリップ・スタジオ　Drip Studio……97

Ⓐ ドルフィン＆ユー
Dolphins and You……63

ナ

Ⓐ ナ ホオラ スパ　Na Ho'ola Spa……119

ハ

Ⓓ ハウス ウィズアウト ア キー
House Without A Key……105

Ⓐ ハレイワ　Haleiwa……75

Ⓓ ハレクラニ ベーカリー
Halekulani Bakery……88

Ⓗ ハレプナ ワイキキ バイ ハレクラニ
Halepuna Waikiki by Halekulani……23

Ⓐ ハワイ出雲大社（出雲大社ハワイ分院）
Izumo Taishakyo
Mission of Hawaii……130

Ⓞ ハワイ州観光局　ハワイの旅行情報
Go Hawaii……11

Ⓐ ハワイ州立図書館
Hawaii State Library……132

Ⓐ ハワイ大学マノア校
University of Hawaii
at Manoa……131

Ⓓ ピースカフェ　Peace Cafe……86

Ⓞ ビキ　biki……39

Ⓜ ビショップ博物館
Bishop Museum……49

Ⓜ ヒストリカル・ルーム
Historical Room……53

Ⓢ フォート・ストリート・モール・
オープンマーケット
Fort Street Mall Open Market……136

Ⓓ プルメリア ビーチハウス
Plumeria Beach House……82

141

Ⓗ ブレーカーズホテル
The Breakers Hotel……31

Ⓓ ブレッドショップ　Breadshop……88

Ⓓ ヘブンリー・
アイランド・ライフスタイル・ワイキキ
Heavenly
Island Lifestyle Waikiki……99

Ⓗ 星野リゾート　サーフジャック ハワイ
The Surfjack Hotel &
Swim Club……25

Ⓜ ホノルル美術館
The Honolulu
Museum of Art（HoMA）……45

Ⓐ ホロカイ・カタマラン
Holokai Catamaran……65

マ

Ⓐ マノア・チョコレート
Manoa Chocolate……61

Ⓐ マノア・ハニー＆ミード
Manoa Honey & Mead……59

Ⓢ マノア・ファーマーズマーケット
Manoa Farmers Market……136

Ⓓ マヒナ＆サンズ
Mahina & Sun's……107

Ⓓ ミロ・カイムキ　Miro Kaimuki……111

Ⓐ モアナ ラニ スパ
〜ヘブンリー スパ バイ ウェスティン〜
Moana Lani Spa,
a Heavenly Spa by Westin……120

Ⓓ モーニング・グラス コーヒー＋カフェ
Morning Glass Coffee+Cafe……84

Ⓓ モンキーポッド・キッチン
Monkeypod Kitchen……90

ラ

Ⓐ ライオン植物園
Lyon Arboretum……133

Ⓓ リリハ・ベーカリー
Liliha Bakery……87

Ⓐ ルアナワイキキ　ハワイアン ロミロミ
マッサージ＆スパ
Luana Waikiki Hawaiian Lomi Lomi
Massage & Spa……121

Ⓓ ルワーズ ラウンジ
Lewers Lounge……105

Ⓐ ロイヤルグローブ
The Royal Grove……125

Ⓐ ロイヤル ハワイアン、
ラグジュアリー コレクション リゾート、
ワイキキ
The Royal Hawaiian, a Luxury Collection
Resort, Waikiki……127

ワ

Ⓐ ワイキキ・カパフル図書館
Waikiki-Kapahulu Library……129

Ⓞ ワイキキトロリー
waikiki Trolley……39

Ⓢ ワイキキ・ファーマーズマーケット
Waikiki Farmers Market……136

Ⓗ ワイキキ・マリア
Waikiki Malia……29

永田さち子（Sachiko Nagata）

国内外の旅、食、ライフスタイルをテーマに、雑誌、旅系WEBサイトを中心に執筆。ハワイに関する著書は、現地在住のフォトグラファー・宮澤拓との共著で『よくばりハワイシリーズ』（翔泳社）、『ちょっとツウなオアフ島＆ハワイ島案内』（マイナビ）、『ハワイのスーパーマーケット』（実業之日本社）ほか、『おひとりハワイの遊び方』（同）、『50歳からのハワイひとり時間』（産業編集センター）など、14冊がある。トラベルコラム「よくばりな旅人」➡海外旅行情報サイトRisvel
https://www.risvel.com/column_list.php?cnid=6　にコラムを連載中。

協力　ハワイ州観光局
　　　デルタ航空（P18-19）
　　　ハレプナ ワイキキ バイ ハレクラニ
　　　星野リゾート　サーフジャック ハワイ
　　　シェラトン・プリンセス・カイウラニ
　　　ワイキキ・マリア
　　　ザ・カハラ・ホテル&リゾート

現地コーディネイト
　　　ジャネット・メイヤール

ソロ旅ハワイ

2024年9月13日　第一刷発行

著　者　永田さち子

写　真　永田さち子・宮澤 拓
ブックデザイン　清水佳子（smz'）
編　集　福永恵子（産業編集センター）

発　行　株式会社産業編集センター
　　　　〒112-0011 東京都文京区千石4-39-17

印刷・製本　株式会社シナノパブリッシングプレス

Ⓒ 2024 Sachiko Nagata　　Printed in Japan
ISBN978-4-86311-415-9 C0026

本書掲載の写真・文章・イラスト・図版・地図を無断で転記することを禁じます。乱丁・落丁本はお取り替えいたします。